KB239711

단군과 예수의 대화

단군과 예수의 대화

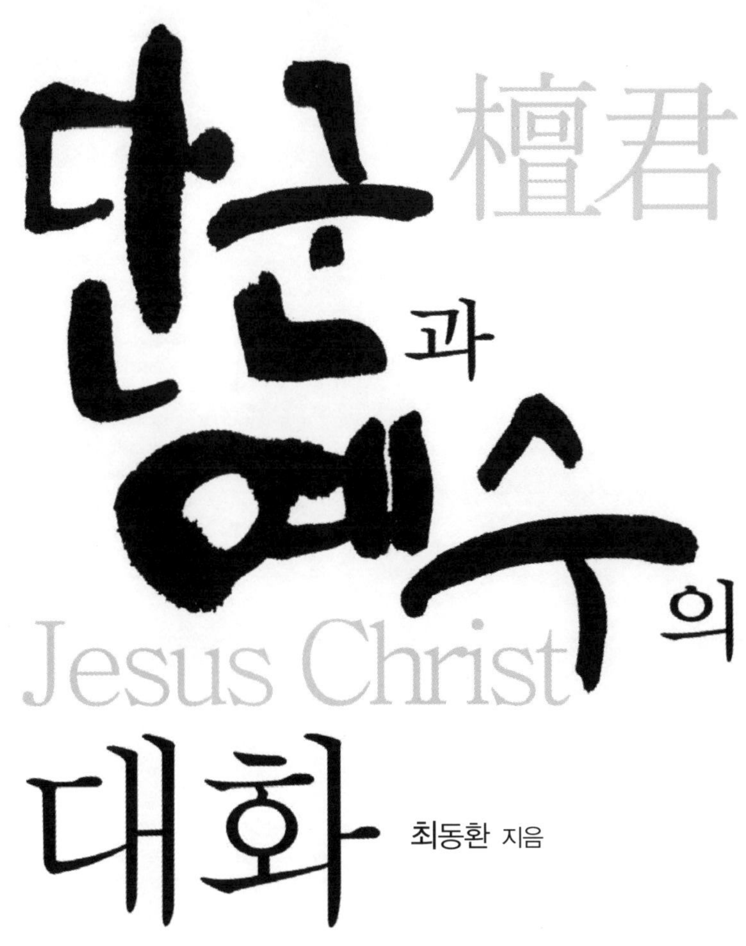

檀君

단군과 예수의 대화

Jesus Christ

최동환 지음

지혜의나무

목차

저자 서문

1. 단군과 예수의 만남

우리 한겨레가 역동적인 역사를 이끌어 오면서 창조해 낸 한겨레 문명의 상징이 단군이라면, 지난 수백 년간 세계를 이끌어 온 서양 기독교 문명의 상징은 예수가 될 것이다.

또한 지금 이 시대는 세계의 중심이 동북아로 이동하고 있는 역사적 대전환기를 맞고 있다. 급변하는 이 시대에 우리는 우리가 누구인지를 정확히 알고 또한 지금까지 세계를 이끌어 온 서양 문명의 중심을 정확히 알아야 새롭게 전개되는 동북아 시대를 성공적으로 이끌 수 있을 것이다.

그러나 우리 사회는 언젠가부터 단군과 예수를 주장하는 사람들의 대립과 갈등을 보이고 있다. 특히 근래에는 매우 상황이 좋지 않아 뜻 있는 많은 사람들을 걱정하게 했다.

오늘날 우리가 목격하고 있는 단군과 예수의 갈등과 대립의 문제는 우리 사회 전 분야에 걸쳐 벌어지는 양극단兩極端의 분열과 파괴의 문제이기도 하다.

즉 우리 사회는 남/북, 동/서, 좌/우, 노/사, 남/녀 등의 양극단兩極端으로 분열하여 서로가 서로를 부정하고 파괴하면서 위기상태를 만들고 있다. 이 양극단이 분열하고 대립하는 갈등은 여러 가지 양상으로 나타나지만 기본적으로 자살적인 이원론의 공통적인 형식을 가지고 있다.

그 형식은 자기편은 선이고 상대편은 적으로서 악이라는 결론을 미리 확정해 놓은 것이다. 그리고 정도의 차이가 있겠지만 대체로 적이며 악으로 설정된 상대방을 모욕하고 파괴하는 일이 마치 정의正義를 실현하는 것이라도 되는 것처럼 생각과 행동을 하는 것이다.

그러나 어떤 사람의 마음이 몸을 죽이려 하고, 몸이 마음을 죽이려 한다면 그 사람이 생명을 유지하면서 살 수 있을까? 마찬가지로 하나의 살아 있는 생명체인 한겨레 공동체 안에서 함께 살아가고 있음에도 불구하고 대립하는 상대방을 파괴하고 모욕한다면, 한겨레 공동체는 더 이상 정상적인 생명체로서 살아 숨 쉬며 역동적으로 살아가고 있다고 할 수 없을 것이다.

우리가 경험하고 있는 우리 사회에 존재하는 한겨레 문명의 상징인 단군과 서양 기독교 문명의 상징인 예수의 갈등 문제는 이 자살적 이원론이 만들어 낸 많은 문제 중 가장 대표적이고도 위험한 것이다.

그러나 이 단군과 예수의 갈등 문제는 다른 이원론적 문제들과는 결정적으로 다른 점이 있다. 왜냐하면 단군과 예수의 공통적이면서도 가장 기본적인 가르침이 바로 이 이원론이 만드는 악순환을 제거하고 양극단을 통합하는 진리이기 때문이다.

사실이 이러하다면, 단군과 예수 두 분 중 어느 분의 진리를 따르든 참다운 진리를 추구하는 사람들이라면 단군과 예수의 진정한 가르침을 확인해 보아야 하지 않겠는가? 그리고 정말로 단군과 예수의 가르침이 자살적인 이원론이 만들어 내는 악순환을 종식시키고 양극단을 통합하는 것이라면 당연히 그 가르침을 따라야 하지 않겠는가?

우리가 단군과 예수의 기본 진리가 양극단兩極端의 통합임을 분명히 인식한다면 단군과 예수의 갈등 문제는 물론이며 나아가 우리 한겨레가 반드시 해결해야 할 남북통일과 동서 화합 그리고 좌/우, 노/사, 남/녀 등의 갈등 문제를 우리 한겨레의 능력으로 이 시대에 명쾌하게 해결하는 일은 결코 어려운 일이 아닐 것이다.

(이 책은 단군님과 예수님에 대해 신학적으로 접근한다. 그 과정에서 두 분을 많이 거명할 수밖에 없는데 그때마다 존칭을 사용하는 것이 마땅한 일이겠지만 그 경우 오히려 더 어색하고 거북할 것 같다. 그러므로 이 책에서는 두 분의 존칭을 생략한다. 이 점에 대해 독자들에게 미리 양해를 구한다.)

2. 우리가 과연 예수를 알고 있는가?

나는 지난 2,000년간 신神을 학문적으로 설명한 기독교 신학자들의 신학 이론들을 연구하면서 참으로 이해할 수 없는 기이한 점을 발견하였다.

기독교基督敎는 그리스도교(Christianity)이다. 따라서 기독교의 신학은 반드시 복음서에 담긴 예수의 말씀을 중심으로 연구하고 만들어져야 할 것이다. 그런데 놀라운 것은 지난 2,000년간 기독교 신학사에는 예수가 없었다는 사실이다. 20세기를 대표하는 신학자 틸리히(Paul Tillich)는 서양에는,

세 사람의 위대한 철학자가 있었고, 세 가지 위대한 기독교 집단이 있다. 그리스 정교회, 여기 철학자의 이름은 플라톤이다. 로마 가톨릭, 여기 철학자의 이름은 아리스토텔레스다. 프로테스탄트, 여기 철학자의 이름은 칸트이다.[1]

고 했다. 복음서의 말씀에 담긴 예수의 철학을 A라 하고 플라톤과 아리스토텔레스와 칸트의 철학을 B라고 하자. 이 A=B가 성립하기 위해서는 무엇보다 먼저 A인 예수의 철학이 복음서의 말씀을 중심으로 철저하게 설명된 다음 B인 플라톤과 아리스토텔레스와 칸트의 철학을 설명하고 이 A와 B를 비교 검토하여 하나로 합치하는지를 확인하는 과정을 반드시 거쳐야 할 것이다. 그리고 그 철학의 이론 체계에서 신학의 이론 체계가 이루어져야 할 것이다.

그러나 지난 2,000년간 복음서의 말씀에 담긴 A인 예수의 철학을 체계화한 신학자가 단 한 명이라도 있었는가? 그리고 근본적인 의문이지만 틸리히가 언급한 B인 플라톤과 아리스토텔레스와 칸트의 철학이 기독교의 신학을 형성한 것이 과연 이치에 부합되는 일이었을까?

생각해보면 기독교의 철학과 신학은 그 종파가 무엇이든 4대 복음서인 마가, 누가, 마태, 요한복음서에 존재하는 예수의 말씀이 바탕이 되는 것이 이치에 합당한 일이 아니었을까?

만일 기독교 성경聖經 안의 4대 복음서에서 설명되는 예수의 철학과 신학이 플라톤과 아리스토텔레스와 칸트의 철학과 동등하거나 그보다 못하다면 지금까지의 방식은 지속될 정당성을 얻을 수 있을 것이다.

---

1) 틸리히는 이 말을 그의 스승이었던 카프탄이 했다는 말로 설명하였다. 틸리히, 『19~20세기 프로테스탄트 사상사』, 칼 브라텐 역음, 송기득 역, 대한기독교서회, 2009년, 92쪽.

그러나 4대 복음서 안에 담긴 예수의 철학과 신학이 이들 철학자들보다 상상도 하지 못했을 정도로 월등하게 높고 광대하고 또한 이들과는 전혀 다른 차원에서 지금까지의 철학자와 신학자들의 이론과 비교할 수 없는 위대한 진리를 가지고 있다면 그때도 정당성이 확보되는가?

이 시대는 이미 플라톤과 아리스토텔레스와 칸트의 철학에 결함이 있음이 밝혀지고 있다. 양극단을 분열시키는 이원론과 양극단을 통합하지 못하고 대립시키는 문제가 그것이다. 이 문제는 지금까지도 서양철학에서 해결하지 못한 까다로운 문제이다. 그렇다면 이들 철학자들이 기독교 철학을 대표함으로써 이들의 철학이 가진 모든 이론적 결함으로 발생하는 모든 문제가 모두 예수의 탓으로 돌려지지 않겠는가? 그 경우는 예수에 대한 심각한 오해이며 치명적으로 부당한 대우가 되지 않겠는가?

과연 지금까지 우리가 알던 예수가 진정한 예수인가? 우리가 과연 복음서에 담겨있는 철학과 신학이 말하는 예수의 참모습을 알고 있는가?

3. 한겨레공동체와 예수

이제 4대 복음서의 말씀에 담긴 예수의 철학과 신학이 무시되고 왜곡됨으로써 발생하는 문제의 시각을 우리 한겨레공동체 안으로 돌려 생각해 보자. 내가 관심을 갖는 문제의 핵심은 무엇보다 먼저 우리 한겨레공동체 안에서의 예수이다. 즉 우리 한겨레 공동체 안에서 예수의 철학과 신학이 양극단을 분열시켜 서로를 파괴하는 이원론으로 오해될 때 그 치명적인 피해를 과연 누가 책임지는가?

기독교를 우리 한겨레에게 전해준 서양 기독교 문명권이 책임지는가? 그럴 가능성은 전혀 없음을 우리는 이미 잘 알고 있다. 우리 한겨레 공동체 안에서 예수의 철학과 신학이 이원론으로 오해됨으로 발생하는 모든 피해는 다른 사람들이 아닌 바로 우리 한겨레 공동체 구성원 전체가 100% 부담하게 되는 것이다. 따라서 우리 한겨레 공동체 안에 기독교가 들어와 한 식구가 된 이상 이 문제는 결코 기독교인들만의 문제일 수 없다. 이 문제는 명백하게도 우리 한겨레공동체 구성원 모두의 문제일 수밖에 없는 것이다. 한겨레라면 그 누구도 이 문제에서 자유로울 수 없는 것이다.

되돌아보면 우리 한겨레는 서구 문명이 만든 질서에 적응하여 생존해야 하는 전환기의 시점에 서구 기독교 문명의 핵심인 기독교를 우리 한겨레의 식구로 받아들였다.

하지만 지금 우리가 살고 있는 이 시대의 한겨레는 과거와는 다르다. 이 시대의 한겨레는 이미 서구 문명에 충분히 적응했다. 그리고 이제 우리 한겨레의 생존과 번영은 모든 분야에서 서구 문명보다 앞서 나가는 일에 달려 있다.

이 일에는 서구 문명에게는 없고 우리에게만 있으며 동서양 철학과 신학의 결함을 극복하는 한겨레 문명의 중심인 단군의 진리가 필수불가결한 조건이 된다. 한겨레가 이 시대를 성공적으로 극복하고 번영하기 위해서는 단군과 예수의 진리가 모두 필요한 것이다.

우리가 진정으로 단군과 예수의 만남과 대화를 이루어 단군과 예수의 갈등을 비롯한 사회 각 분야의 다른 모든 갈등을 극복하고 우리 한겨레가 크게 하나가 되기를 바란다면 단군과 예수의 참다운 모습을 알면서도 이를 외면하고 감추어서는 안 될 것이다. 두 분은 모두 명백하게도 대립과 갈등의 쌍방이 함께 통합하여 크게 하나가 됨으로써 생명의 과정을 진행하라고 가르쳤기 때문이다.

따라서 단군을 따르는 사람은 예수의 참모습을 존중하고 알리며, 예수를 따르는 사람은 단군의 참모습을 존중하고 알리는 것이 단군과 예수의 진리를 따르는 참다운 길이라 믿는다. 나는 이와 같은 바탕 위에서 아직 드러나지 않은 예수의 참모습을 이 책에서 밝혀내어 알릴 것이다.

4. 참다운 예수의 진리란 무엇인가?

참다운 예수의 진리를 어디서 가져올 수 있겠는가? 당연하게도 예수의 진리를 가져올 곳은 기독교 성경의 4대 복음서인 마가, 누가, 마태, 요한 복음서이다. 도마복음서 등 여러 다른 자료들도 있지만 결국 예수의 진리를 가장 잘 설명하는 자료는 역시 4대 복음서이다.

먼저 결과부터 알아보자. 이 4대 복음서에서 무엇이 찾아지는가? 그것은 동서고금의 철학과 신학이 도달하지 못한 전혀 새로운 사고의 틀이다.

지금까지 인류가 만들어 낸 사고의 틀은 단지 네 가지뿐 이다. 간단히 예를 들어 설명하자면 마음이 사물을 따르든가, 사물이 마음을 따르든가, 그렇지 않으면 사물과 마음 사이에 신비스러운 일치를 가정하든가 이 양극단을 모두 파괴하는 것이다.

나는 이 책에서 복음서에 담긴 예수의 말씀이 설명하는 철학과 신학은 이 네 가지의 사고의 틀의 한계를 극복하고 생명의 과정을 설명하고 있음을 설명할 것이다.

지금까지 인류에게 존재한 기본적인 사고의 틀들은 대체로 실생활을 통한 경험에 의지하지 않고 사유를 통해 만들어진 사변적思辨的인 것이다. 그러나 복음서에서 보여지는 예수의 생애는 엄혹한 현실 속에서 피와 땀과 눈물로 범벅을 이루는 더할 나위 없이 치열한 생명의 과정이 아니었던가? 이 과정에서 이루어진 복음서의 말씀은 결코 사변적이 아니다.

그리고 한철학(韓哲學 : Hanphilosophy)과 한신학(韓神學 : Hananimlogy)의 바탕인 천부경과 삼일신고와 366사는 우리 한겨레가 한겨레이기 시작한 이래 장대하고 역동적인 역사를 살아오며 창조되고 축적된 실제적인 경험과 탁월한 생명의 과정적 지혜가 집약된 것이다. 이는 사변과 무관하다.

나는 4대 복음서 안에 담긴 예수의 말씀들이 이 한철학과 한신학의 생명의 과정적 이론 체계로 설명할 수 있음을 발견했다. 이같이 새로운 생명의 과정을 설명하는 철학과 신학으로 체계화되어 설명되는 예수의 진리는 20세기에 일어난 신학 역사상 가장 치명적인 문제를 해결하는 것이다.

즉 히틀러의 나치스에 의해 무고한 6백만 명의 유태인이 대량 학살을 당했다. 뿐만 아니라 구소련과 중국, 그리고 캄보디아 등에서 공산 혁명으로 수천만이 죽었다.

이 사건들을 어떻게 신학적으로 설명하는가 하는 문제는 신학이 생긴 이래 가장 중요한 문제 중 하나가 되었다. 현실을 설득력 있게 설명할 수 없는 신학은 이미 생명을 잃은 신학이기 때문이다.

이 전대미문의 엄청난 대량 학살이 일어난 것은 꿈이나 소설이 아니라 현실이다. 그렇다면 이 같은 현실이 일어난 세계사를 주관하는 신이 과연 의롭고 선하며 전지전능한 신인가?

신정론神正論에 의하면 악惡도 신이 다스리는 영역 안에서 신의 섭리에 포함된다. 그렇다면 이 엄청난 대량 학살이라는 전대미문의 대악大惡을 누가 어떻게 신학적 이론체계로 설명할 것인가?

이에 대한 반응은 당연하지만 비관적인 것이다. 미국의 코넬대학교 정치학 교수 앨퍼드는, "신이 전능하다면 그런 파괴적인 현상 역시 신의 것이라고 해야 하지 않을까? 여기서 우리는 유대—그리스도교적 유일신 신앙의 딜레마를 분명하게 볼 수 있다. 신이 전능하다면 우리는 신을 악惡이라 부를 수도 있다."2)라고 주장한다.

당연하지만 그 누구도 이 대악大惡을 신학적 이론체계로 명백하게 설명할 수 없는 상황에서 유신론(有神論 : Theism)3)이라는 서구 문명의 정신적 기반을 이루던 신학이론은 마침내 나락으로 떨어지고 만 것이다.

2차 대전 이후 서구의 학자들은 이 무서운 대악大惡을 신학적으로 설명할 수 없다면 다른 대안이 무엇인가에 골몰하게 된다. 자연히 그들의 눈에 제일 먼저 띈 것은 동양의 범신론이다.

유신론의 반대편에 서서 자연이 곧 신이라고 주장하는 동양의 범신론(汎神論 : Pantheism)4)이 궁지에 빠진 신학을 구할 수 있을 것인가?

그러나 동양의 범신론은 자연이 신이므로 자연을 건드릴 수 없다. 그

---

2) C. 프레드 앨퍼드, 『한국인의 심리에 관한 보고서』, 남경태 역, 그린비, 2000년, 222쪽.

3) 유신론은 지고의 선한 신을 믿으며, 이 신은 이 세계에 창조자로서 이 세계로부터 분리되어 독립적으로 존재하며, 전지전능하고 영원하며 자존하는 분임을 믿는 사상이다. William I. Low, Philosophy of Religion(Encino, California: Dickensons Publishing Co. Inc. 1978), p.14(김하태, 『동서 철학의 만남』, 종로서적, 1988년, 41쪽).

4) 범신론은 신이 곧 자연이며, 자연이 곧 신인 신론으로 초월적인 유일신을 인정하지 않는다. 범신론에서는 자연 혹은 우주가 곧 신이다.

렇다면 어떻게 인간의 의식주를 해결할 것인가?

이 유신론과 범신론의 문제를 넘어가는 길이 있을 수 있다는 가능성을 처음으로 보인 사람은 미국의 20세기 최대의 형이상학자 화이트헤드이다. 화이트헤드가 세운 형이상학적인 신은 신학자들에 의해 범재신론(汎在神論 : Panentheism)5)으로 설명되었다.

화이트헤드는 유신론의 신이 가진 치명적인 문제인 전지전능을 피해가면서 인간과 세계를 구제한다. 즉 그는, "신은 세계를 창조하지는 않는다. 신은 세계를 구제한다."6)라고 주장한다. 이렇게 주장하는 한 대량 학살과 연관하여 더 이상 신을 악이라고 규정할 수 없게 된다. 그리고 범신론의 무력함에도 책임을 지지 않아도 된다.

그러나 범재신론의 신은 대량 학살에 대해 책임을 지지는 않아도 되지만 유신론과 범신론 사이에서 어중간하면서도 애매모호한 균형을 유지할 뿐이다. 그리고 창조하지 못하는 신이 과연 신인가라는 근본적인 의문을 갖게 한다.

화이트헤드의 신은 세계의 시인이며, 설득하는 신이라고 한다. 그러나 현실은 시인의 마음과 설득만으로 해결되기에는 너무도 긴박하고 치명적이다.

나는 이 지점에서 신학의 영역에서 지금까지 없었던 전혀 새로운 전망을 밝히고자 하는 것이다. 즉 나는 4대 복음서 안에 담긴 예수의 말씀에

---

5) 양극단을 대비시키고 조화를 이루는 신론으로 이를테면, "종교를 과학적인 가설로 설명하는 것이 아니라, 과학과 종교의 유기적인 통일을 강조하면서 양자 간의 밀접하고 조화로운 관계를 선언"하는 신론. 마이클 피터슨 외, 『종교 철학』, 하종호 역, 이화여자대학교 출판부, 2000년, 351쪽.

6) 화이트헤드, 『과정과 실재』, 오영환 역, 민음사, 2001년, 595쪽.

서 유신론과 범신론, 그리고 범재신론의 문제점을 모두 해결할 생명의 과정을 찾아낼 수 있음을 발견한 것이다.

한신학(韓神學 : Hananimism)의 신神은 유신론과 범신론을 완성한다. 그리고 한신학의 신은 유신론의 유일신이 조금도 손상되지 않고 오히려 더 강력하고 역동적이고 새로운 의미의 전능한 창조주로 나타난다.

그리고 한신학의 신은 환경 문제를 해결함과 동시에 의식주를 완전히 해결하고 번영을 이룬다. 한신학의 신은 현실의 의식주 문제 해결에 있어서 아무런 대책을 내세우지 못하는 범신론(汎神論 : Pantheism)을 완성한다.

나는 이 책에서 4대 복음서 안에 담긴 예수의 말씀이 이와 같은 한신학의 생명의 과정 이론 체계와 일치하고 있다는 사실을 설명할 것이다.

이것은 분명히 지난 2,000년간 철학과 신학의 영역에서 전혀 없었던 새로운 생명의 과정적 사고의 틀로 새롭게 예수를 보는 것이다. 나는 이렇게 설명되는 예수의 진리가 참다운 예수의 진리라고 확신한다.

5. 그리스도는 신화인가?

20세기를 대표하는 신학자인 불트만은, "선교되는 그리스도는 역사적 예수가 아니라 신앙과 예배의 대상인 그리스도다.[7]"라고 결론을 내렸다. 그는 '그리스도 신화[8]'라는 말을 공공연하게, 서슴지 않고 사용한다. 또

---

7)루돌프 불트만, 『공관복음 전승사』,허혁 역, 대한기독교서회, 1971년, 461쪽.
8)앞의 책, 458쪽.

한, "복음서는 결국 교리사와 예배사의 산물인 것이다.9)"라고 마지막 매듭을 짓는다.

그런가 하면 이 같은 불트만의 신학은 『예수는 신화다』라는 책에 어느 정도 영향을 준 것으로 보인다. 이 책은 고대 그리스—로마의 대중들이, "여러 신이 아니라 하나의 신을 믿었고, 그 신은 이루 형언할 수 없는 존재로 여겨졌다. 그 신의 화신인 신인神人의 이름이 고대 이집트에서는 오리시스, 고대 그리스에서는 디오니소스, 소아시아에서는 아티스, 시리아에서는 아도니스, 페르시아에서는 미트라스, 로마 시대에서는 바쿠스나 미트라스 등으로 불렀다.10)" 그리고 이들 신인神人의 신화와 예수의 이야기가 똑같다는 것이다. 이를테면 크리스마스, 십자가, 부활 등이 그것이다. 그래서 예수는 신화라는 주장이 성립된다고 주장하는 것이다.

불트만은 기독교 신학의 한 획을 그은 유명한 저서 『공관복음 전승사』에서 복음서의 예수의 복음을 양식에 따라 철두철미하게 그 진정성을 따졌다. 그 결과 그동안 생각해 온 것과는 달리 예수의 복음 중 진정성을 확신할 내용은 많지 않았다.

불트만은 공관복음서共觀福音書인 마가, 누가, 마태복음서의 내용들이 구약과 유대교, 그리고 그리스의 밀교와 영지주의 또한 당시의 격언과 속담과 잠언, 민요 등과 뗄 수 없는 연관성이 있음을 입증한 것이다.

나는 불트만의 진정한 의도가 복음서를 포장하고 있는 신화론적인 언어의 문제를 제거하고 현대인이 정직하게 받아들일 수 있도록 재정비해야 한다는 것이었다고 생각한다.

---

9)앞의 책, 461쪽.
10) 티모시 프리크, 『예수는 신화다』, 송영종역 , 동아일보사, 2002년, 12쪽.

진리를 추구하는 사람들이라면 알 수 없는 범위를 있는 힘을 다해 끝까지 추적하여 아는 범위를 최대한 넓혀 나가야 할 것이다. 그것이 만물의 영장인 인간이 할 일이 아닌가? 우리가 아는 범위를 부단히 넓혀 나가지 않고 현실에 안주한다면, 우리는 언제든 우리 인간 스스로가 스스로를 모독하고 파괴하는 맹신과 미신과 주술과 신비주의의 함정에 빠질 위험을 안고 있기 때문이다.

그러나 복음서의 일점일획도 문제될 것이 없이 완전하다고 믿는 문자주의자들 중에는 불트만의 작업이 기독교의 교리를 훼손한 것으로 받아들이는 사람들이 많았다.

나는 이같이 복음서를 경직된 관점으로 보거나, 복음서를 아예 신화라고 받아들이는 사람들은 복음서의 진정한 의미에 도달하기 어려울 것으로 생각한다. 그에 대해 복음서의 말씀은 이렇게 정곡을 찌르는 아름다운 비유로 말했다.

> 맹인된 인도자여! 하루살이는 걸러 내고 낙타는 삼키는도다(마 23:24).

복음서를 신화로 받아들이거나, 복음서를 문자주의적으로 받아들이는 것은 복음서 전체에서 단지 하루살이와 같은 지엽 말단의 것밖에는 보지 못할 것이다. 그들은 낙타로 비유되는 복음서 전체가 가지고 있는 거대한 흐름을 전혀 읽어 내지 못하는 것이다.

불트만은 신학자로서 대단히 훌륭했음에도 불구하고 신학자가 반드시 알아야만 했던 4대 복음서가 가지고 있는 가장 중요한 핵심 중 하나를 읽어 내지 못했다. 즉 종교에 있어서 그 진수眞髓가 신화와 상징으로 표현되는 것은 너무나 당연한 것이라는 사실이 그것이다. 그것은 결코 배제와 제거의 대상이 아니다.

나는 종교의 신화와 상징 속 깊은 곳에 담겨 있는 진리를 누구나 이해할 수 있는 철학과 신학의 이론 체계로 전환시키는 일이야말로 다른 무엇보다도 중요하다고 생각한다. 이 일은 종교가 가진 참다운 진리를 모든 사람에게 납득시키는 가장 강력한 위력을 가지기 때문이다.

6. 우리는 단군을 어디에서 찾을 것인가?

생각 해보면 유불선儒佛仙이 우리나라에 들어와 토착화됨으로써 우리 한겨레 문화는 더욱더 다양해졌다. 그리고 나는 우리나라에 토착화된 유불선이 장차 유불선을 우리에게 전해준 지역의 유불선보다 더 훌륭한 유불선이 되어 소중한 한겨레의 자부심 중 하나가 될 것으로 전망한다.

그런데 정작 우리 한겨레가 장대하고 역동적인 역사를 운영하며 창조하고 발전시켜 온 단군으로 상징되는 우리 한겨레의 고유한 정신을 우리가 설명하지 못하거나 우리 한겨레에게서 한겨레의 고유한 정신이 사라진다면 어떻게 되는가?

그렇게 되고도 우리 한겨레가 계속해서 우리 자신을 한겨레라고 떳떳하게 주장할 수 있겠는가? 따라서 우리 한겨레는 이 시점에서 우리 자신에게 무엇보다 먼저 우리 한겨레문명의 상징인 단군을 어디에서 찾을 것인가라고 물어야 한다. 간단하게나마 유불선을 살펴보며 이 문제를 생각해 보자.

조선 시대의 여러 왕들은 단군檀君을 제사 지내고 마리산 참성단을 수축하고 구월산 삼성사三聖祠에서 제사 지내고 이를 수축하였다. 또한 평양의 숭령전崇靈殿에서 단군을 제사 지냈다.11) 또한 여러 관청에는 부군당府君堂과 모든 고을에는 성황당城隍堂이 있어 제사"12) 지냈다.

하지만 유교를 표방한 조선에서 아무리 단군을 성심껏 모시고 고유의 정신과 친밀함을 가졌다 해도 유교에서 한겨레의 고유한 정신을 상징하는 단군과 홍익인간과 하나님을 찾을 방법은 없는 것이다.

그리고 우리나라 불교는 토착화하는 과정에서 한겨레의 대중과 대단히 친숙하게 되었다. 그리고 절에 산신각山神閣과 칠성각七星閣, 삼성각三聖閣 등이 있게 되었다. 이는 모두 우리나라의 고유한 정신과 밀접한 관계가 있는 것이다.13) 그러나 불교가 아무리 한겨레의 대중과 친밀한 관계를 이루었다고 해서 단군과 홍익인간과 하나님의 진리를 불교에서 찾기는 불가능할 것이다.

그리고 우리나라의 도교道敎는 주로 수련도교修鍊道敎로서 단학丹學과 선도仙道, 단丹 등으로 불린다. 즉 단학丹學은 인간이라면 누구나 원하는 불로장생不老長生을 성취하려 하는 희망14)을 성취하려는 중국의 옛 신앙에서 발달한 도교15)의 일파이다. 단학丹學은 주로 장생불사長生不死를 구

---

11) 정진홍, 『단군교 부흥 경략』, 계신당, 1937년, 20~22쪽.

12) 권태훈, 『대종교 요감』, 온누리, 개천 4448년, 338쪽.

13) 한단고기는 불상이 처음 들어올 때 절을 세워 이를 대웅大雄이라 불렀는데 이는 옛것을 세습한 것으로 원래 불가의 말은 아니라고 했다
　 계연수, 『한단고기』, 정신세계사, 1986년, 193쪽.

14) "인간은 누구나 불로장생하기를 원하는 법, 특히 도교의 핵심은 그 소원을 성취하는 것이라 하겠다."
　 박경화, 『고려 시대의 도교와 민간 사상』, 158쪽(한국정신문화원, 『철학 사상의 제문제 Ⅳ』, 1986년).

현하려는 한 학파로서 특히 이러한 도교를 수련도교修鍊道敎라고 한다.16)
이 수련도교는 도교 중에서 개인의 건강과 장생을 합리적이고 실질적으로 추구하는 것으로 알려져 왔다. 수련도교로 불리는 단학과 선도는 중국에서 들어와 우리나라에서 토착화되는 과정에서 한겨레에게 유교와 불교 못지않게 친근하게 되었다.

그리고 우리나라에서 토착화된 수련도교 중에서 일부는 단군을 수련도교의 인물로 차용借用했다. 즉 조선의 명종·선조 때 조여적趙汝籍이 지은 「청학집靑鶴集」을 보자.

> 환인 진인桓因眞人이 명유明由에게 수업하였고, 명유明由는 광성자廣成子에게 수업하였는데, 광성자廣成子는 상고上古의 선인仙人이다. 환인桓因은 동방선 파東方仙派의 조종祖宗이고, 환웅 천왕桓雄天王은 환인桓因의 아들이다. 아버지의 뜻을 이어 나라 풍우風雨와 오곡五穀 등 360여 가지 일을 주재하여 우리 동방 백성을 교화시키더니, 단군이 그 업을 이어 교화를 편 지 1,000년에 구이九夷가 함께 받들어 천왕으로 모셨다. 작은 정자와 버들 대궐에 살면서 머리를 땋아 드리우고, 소를 타고 다니면서 백성을 다스린 지 1048년에 아사달산에 들어가 신선神仙이 되었다.17)

---

15) "도교는 중국의 옛 신앙에서 발달한 것"
　　윤찬원, 『도교 철학의 이해』, 돌베개, 1998년, 32쪽.

16) "丹學은 장생불사의 논리적 이론의 바탕 위에서 현실로 구현화되는 도교의 한 학파라고 볼 수 있다. 이러한 도교를 특히 수련도교라 한다. 연단練丹을 통한 장생불사의 실질적인 추구를 도모했던 이 단학丹學은 외단外丹에서 내단內丹으로 전향되면서 더욱 복잡한 이론을 갖추게 된다."
　　송항룡, 『한국 고대의 도교 사상』, 260쪽(한국정신문화원, 『철학 사상의 제문제Ⅱ』, 1984년).

17) 조여적, 「靑鶴集」(이종은 역, 『海東傳道錄·靑鶴集』, 보성문화사, 1986년, 16쪽)

이 청학집은 우리 한겨레의 삼성이신 한인님, 한웅님, 단군왕검님을 중국 도교의 신화적 인물들인 명유明由와 광성지廣成子의 밑에서 중국 도교 도맥의 하부 구조를 이룬다고 주장하고 있다.

조선 시대에 있어서 중국 수련도교를 조선의 수련도교로 발전시킨 대가였던 북창北窓 정렴鄭磏은 단학丹學과 선도仙道[18]라는 용어와 그 이론을 오늘날에도 우리나라의 최고의 단학 수련서로 일컬어지는 용호비결龍虎秘訣에서 밝혔다. 그리고 그는 용호비결에서 이렇게 말했다.

> 참동계參同契라는 한 권의 책은 실로 '단학丹學'의 비조鼻祖라고 할 만한 책이다.[19]

이는 중국의 후한後漢시대 위백양魏伯陽이 저술한 대표적인 중국 단학의 경전인 단경丹經 참동계參同契를 조선 단학丹學의 비조鼻祖로 설정하고 있다. 이 경우는 청학집과 같이 단군을 중국 수련도교 역사의 일부로 차용하는 역사관과는 다르다.

그리고 중국 수련도교를 토착화한 조선의 단학丹學과 선도仙道의 대가인 정렴과 단학과 선도의 시조라고 하는 중국의 위백량은 수련도교 이론의 핵심으로 정기신精氣神을 주장한다.

---

18) 귀어일무지태극자 선도야歸於一無之太極者 仙道也
태식어규중 득차일규 수선도자야
胎息於竅中 得此一竅 修仙之道者也
「龍虎訣」(이종은 역, 『海東傳道錄 · 靑鶴集』, 보성문화사, 1986년, 275쪽).

19) 참동계일편 실단학지비조
參同契一篇 實丹學之鼻祖
「龍虎訣」(이종은 역, 『海東傳道錄 · 靑鶴集』, 보성문화사, 1986년, 275쪽).

그렇다면 단군檀君을 차용借用하여 우리 한겨레의 역사를 수련도교 또는 단학丹學과 선도仙道의 역사관으로 바꾸어 설명한 청학집에서 단군과 홍익인간과 하나님을 찾을 수 있겠는가?

아니면 조선의 단학丹學과 선도仙道의 대가인 정렴이 지은 용호비결이나 중국 단학과 선도의 비조인 위백량이 지은 참동계의 핵심 이론인 정기신精氣神에서 단군과 홍익인간과 하나님의 진리를 가져올 수 있겠는가? 그것도 아니라면 인도의 요가yoga에서 가져올 수 있겠는가?

이렇게 살펴볼 때 지금 우리 한겨레는 두 가지 문제를 가지고 있음을 알 수 있다. 하나는 우리 한겨레는 우리의 고유한 정신과 토착화된 외래 정신을 정확하게 구별하지 못하는 문제를 가지고 있다. 또 하나는 토착화된 외래 정신을 마치 한겨레의 고유한 정신인 것으로 오해하고 착각하고 있는 문제이다.

이 두 가지 문제를 해결하지 못하는 한 우리 한겨레는 한겨레의 고유한 정신을 가지고 있다고 말할 수조차 없게 되는 것이다. 나아가 한겨레의 고유한 정신으로 역사를 운영하며 살아왔었다는 말조차 하기 어렵게 되는 것이다.

우리가 단군을 찾기위해 선행해야 할 작업은 한겨레문명의 상징인 단군의 진리를 유불선 등과 분명하게 구분한 다음 그 진리가 유불선을 포함하는지 확인하는 일이다. 이 작업이 이루어지지 못한다면 단군을 찾는 일은 처음부터 불가능하다. 우리가 단군을 찾지 못한다면 우리 한겨레의 고유한 정신은 예수는 물론 유불선과도 대화할 수 없게 된다. 대화할 주인공이 처음부터 없어지게 되므로 대화 자체가 불가능해지는 것이다.

7. 우리가 과연 단군을 알고 있는가?

이 시대를 사는 한겨레에게 단군과 예수의 만남과 대화는 우리 한겨레가 가진 위대한 통합의 능력이 무엇인가를 확인하게 해주는 매우 소중한 일이 될 것이다.

먼저 단군을 A라하고 예수를 B라고 하자. 단군과 예수의 만남과 대화가 가능하려면 최소한 A와 B 두 분 중 한 분의 진리를 철학과 신학의 보편타당한 이론 체계로 설명할 수 있어야 한다.

가령 우리가 A인 단군의 진리를 설명할 수 있다면 그 A로 B인 예수의 진리를 비교 검토하며 서로의 진리가 서로에게 얼마만큼 비슷하며 얼마만큼 다른가를 확인할 수 있을 것이다.

그러나 우리는 지난 2,000년 동안 어떤 철학자와 신학자도 4대 복음서 안에 담긴 예수의 말씀을 근거로 하여 철학과 신학의 이론으로 체계화하여 설명하지 못했고 설명하려고 하지도 않았다는 사실을 확인했다.

따라서 단군의 철학과 신학의 이론 체계가 먼저 명확하게 설명되지 않는다면 우리 한겨레의 위대한 통합의 능력이 아무리 강력하다 해도 단군과 예수의 만남과 대화는 처음부터 불가능해지는 것이다.

그렇다면 이제 우리 한겨레는 우리 자신에게 이렇게 물어야 한다. 우리가 과연 단군을 알고 있는가? 과연 우리는 한겨레 문명의 상징인 단군의 진리를 보편타당성을 갖춘 이론 체계인 철학과 신학으로 정확하게 설명할 수 있는가?

한겨레문명의 상징인 단군을 입에 담는 일은 누구나 가능하다. 그러나 이 시대는 이미 동북아가 세계의 중심이 되는 시대이며 우리 대한민국은 그 동북아의 중심에 위치하고 있다. 따라서 이제 우리가 한겨레 문명의 상징인 단군을 입에 담기 위해서는 세계인 앞에 나서서 충분한 설득력을 갖추어 자신 있게 이것이 한겨레문명의 근원인 단군의 철학이며 신학이라고 큰소리로 명명백백하게 설명할 수 있어야만 하는 것이다.

그렇다면 우리는 어디에서 어떻게 단군의 진리를 찾을 수 있는가? 그것은 단군께서 전해 주신 성경聖經인 천부경과 삼일신고와 366사에서 가능한 일이다.

따라서 나는 먼저 2008년 천부경(2차 개정판)에서 우리 한겨레의 고유한 철학의 독자적인 이론 체계를 분명하게 밝혀냈다. 그리고 그 이론 체계와 지난 3천 년간 존재했던 철학인 유불선과 동서양의 대표적인 철학자들의 이론들을 하나하나 비교 검토했다.

그리고 나는 이 이론 체계의 핵심을 우리나라의 세계적인 기업의 연구소에서 객관적인 실험을 통해 엄밀하고 구체적인 실험 결과로 명확하게 입증했다. 이렇게 해서 밝혀진 이론 체계가 내가 말하는 생명의 과정을 설명하는 철학인 한철학(韓哲學 : Hanphilosophy)이다.

이제 우리는 한겨레문명의 근원인 단군께서 전해 주신 한철학이 유불선과 동서 철학자들의 논리와 명백하게 다르다는 사실을 확실하게 구분할 수 있게 되었다. 그리고 유불선과 동서 철학자의 어떤 부분이 어떻게 한철학에 포함되는 것인지를 분명히 이해할 수 있게 된 것이다.

이제 우리는 세계인 앞에서 이것이 한겨레 문명을 상징하는 단군의 철학의 이론 체계라고 가슴을 활짝 펴고 큰소리로 당당하게 말할 수 있게 된 것이다.

그리고 이 한철학의 이론 체계를 바탕으로 한신학韓神學의 이론 체계인 한신론韓神論을 삼일신고(2차 개정판)을 통해 확립함으로써 4대 복음서에 내장된 예수의 신학을 찾아내 서로 비교 검토할 수 있게 된 것이다.

이제 비로소 우리는 단군과 예수의 역사적이고도 의미심장한 만남과 대화를 조심스럽게 하나하나 진행할 수 있게 된 것이다.

8. 우주암호宇宙暗號와 단군과 예수

한겨레의 고유한 경전인 천부경과 삼일신고와 366사는 초등학생도 알 수 있는 단순한 수식으로 그 핵심 진리를 설명한다. 이는 내가 '한韓의 법칙'이라고 부르는 일곱 가지20)의 수식을 중심으로 하며 그 외에 여럿의 수식이 추가된다. 그 수식은 이를테면 내가 한의 제2 법칙으로 부르는 '100=36+64'와 같은 것이다. 이 수식들은 모두 간단한 도형과 부호 그리고 논리로 언제든 전환하여 표현될 수 있는 것이다.

이 수식들을 나는 또한 알기 쉽게 우주암호라고도 부른다. 이 책은 그 여럿의 우주암호 중 세 가지의 수식을 중심으로 설명한다. 지난 3,000년간 동서양의 철학자와 신학자들은 셀 수 없이 많은 책들을 남겼지만 이 간단한 세 가지 수식에 담긴 진리에 도달한 학자는 단 한 사람도 없었다.

한겨레문명의 근원인 단군께서 전한 성경인 천부경과 삼일신고와 366사는 7개의 '한韓의 법칙' 즉 우주암호들을 바탕으로 한다. 또한 기독교 성경 신약의 4대 복음서에 담긴 예수의 말씀 또한 놀랍게도 이 우주암호

---

20) 이 7가지의 수식을 '한의 법칙'이라고 한다. 이 한의 법칙에 대한 설명은 천부경(2008년, 2차 개정판)에서 한철학이 이론 체계로 설명했다, 그리고 삼일신고(2009년, 2차 개정판)에서 한신학의 이론 체계로 설명했다,.

를 바탕으로 한다. 단군과 예수의 대화는 다름 아닌 이 '한韓의 법칙' 즉 우주암호라는 언어를 통해 의사소통이 이루어지는 것이다.

내가 이 우주암호를 처음으로 발견한 장소는 1980년대 초 사우디아라비아의 공사 현장이었다. 나는 현장 작업의 효율이 최저 상태일 때 일정 조건을 주게 되면 단시간에 최고의 효율을 내면서 작업자들이 하나가 되어 역동적으로 움직이며 스스로를 자기 조직화 하는 사실을 발견했다. 나는 이 발견으로 현장을 성공적으로 마무리할 수 있었다.21)

그리고 귀국 후 때 마침 우리나라에서는 천부경과 삼일신고와 366사가 일반 대중에게 소개되어 읽히기 시작했다. 나는 이 경전들 안에 공통적으로 사용된 언어가 수식으로 이루어진 우주암호임을 발견했다. 그리고 그 우주암호에 담긴 원리가 내가 사우디아라비아에서 직접 체험한 원리와 동일한 것임을 알았다. 물론 이 우주암호가 복음서에 사용된 예수의 말씀에 담긴 우주암호와 동일한 것이다.

내가 이 '한韓의 법칙'을 우주암호라고 표현한 것은 바로 이 법칙이 인간과 대우주를 지배하는 근본 원리임을 알았기 때문이다. 암호라고 말한 이유는 지난 3,000년간 동서양의 그 어떤 철학자와 신학자도 이를 해독하지 못했고 또한 분명한 이론 체계로 만들지 못했기 때문이다.

그러나 이 우주암호는 천부경과 삼일신고와 366사, 그리고 그 외에도 우리 한겨레에게만 전해지는 십수 권의 경전 안에도 비밀스럽게 담겨 있다. 또한 기독교 성경의 4대 복음서에 집약되어 담겨 있다. 그리고 동서양과 우리나라의 여러 자료에서도 발견된다.

---

21) 사우디아라비아에서 있었던 철학 실험은 한사상과 다이내믹 코리아(2006년, 지혜의 나무)에 자세히 설명이 되어있다.

이를테면 이 우주암호는 이 책에서 자세히 설명하겠지만 여러 알타이 어족들의 신화와 우리나라의 인천과 영암과 지리산과 제주도 등의 여러 지방의 전설에도 비밀스럽게 숨어 있다. 또한 동양의 음양오행과 태극과 64괘의 근본 원리 또한 이 우주암호로 이루어진 것이지만 중국인 중 이를 이해하고 설명한 사람은 없었다. 그리고 우리나라 무속인들이 사용하는 방울에도 이 우주암호는 숨어 있다. 또한 지난 3,000년간 동서양의 모든 철학과 신학의 근본 원리를 이 우주암호는 모두 포함하고 있다. 나는 이미 발간한 천부경과 삼일신고와 366사에서 이 우주암호의 근본 원리를 설명했다. 이 책에서는 이 원리의 기본적인 내용과 새로운 사례들을 모아 간략하게 설명할 것이다.

이 우주암호는 과거의 것만이 아니라 현재의 것이며 미래의 것이기도 하다. 왜냐하면 이 우주암호를 인간 개인과 사회에 적용하면 그 생명력이 극대화되고, 기계에 적용하면 기계의 성능이 극대화되기 때문이다.

즉 2002년 내가 대기업의 연구소에서 컨설턴트로 참여하여 이 한韓의 법칙, 즉 우주암호를 에어컨에 적용하여 성공한 실례가 바로 그것이다. 이는 우리 한겨레의 정신에서 가장 근본적인 철학의 원리가 명백하게 엄밀성과 객관성과 구체성을 갖는 진리라는 사실을 실험을 통해 입증한 것이다. 나는 이 책에서 이 4대 복음서안의 우주암호를 실험실에서 입증한 데이터를 적용하며 설명할 것이다.

이제 단군과 예수의 의사소통을 가능하게 만든 우주암호가 한철학과 한신학의 이론 체계로 전환되었고 그것은 다시 엄밀하고 객관적이며 구체적인 실험이라는 보다 확실한 새로운 언어로 다시 전환되었다.

그렇다면 이제부터는 이 우주암호와 한철학과 한신학의 이론 체계를 사람들이 이해하고 각자의 영역에서 이를 널리 활용할 수 있게 되었는가? 나는 꼭 그렇게 될 것으로 생각하고 쉬지 않고 끊임없이 노력해 왔지만 현실은 나의 기대와는 전혀 달랐다.

왜 그런가? 그동안 책을 통해 설명해온 이 우주암호와 철학과 신학의 이론 체계는 모든 학문분야와 실생활을 역동적인 생명의 과정으로 혁신할 수 있는 능력을 보유하게 해줄 수 있는 것이다. 그동안 많은 사람들이 이 이론체계에 대해 공감을 가졌지만 내가 원하는 것은 공감의 수준보다 더 큰 것이었다. 그동안 내가 추구한 것은 공감보다 훨씬 더 나아가 이 이론 체계를 실생활, 그리고 모든 학문과 기술과 예술에 널리 적용하여 적극적으로 활용하는 수준이다. 하지만 나는 이같이 실생활에서 이 이론 체계를 활용할 수 있는 수준에서 이 사고의 틀로 생각하고 인간과 세계를 바라볼 수 있는 사람은 거의 없다는 사실을 깨달았다.

왜냐하면 사람들은 이 우주암호와 새로운 이론 체계를 보기 전에 자신이 가지고 있었던 기존의 사고의 틀을 그대로 사용하기를 고집한다. 그리고 그 기존의 사고의 틀 안에서 내가 보여 준 우주암호와 새로운 이론 체계를 이해하려고만 하는 것이다. 이 방식으로는 새로운 이론 체계의 중요한 부분을 이해할 수 없으며 새로운 사고의 틀로 생각하기는 불가능하다. 더구나 각 분야에서의 활용은 아예 처음부터 전혀 불가능하다.

또한 사람들은 내가 알기 쉽게 이 우주암호와 이론 체계를 설명해 주기를 원한다. 그러나 내가 아무리 쉽게 설명해도 지금까지 사용해 온 기존의 사고의 틀로 생각하는 한 이 우주암호와 새로운 이론 체계를 실제로 활용하고 그 사고의 틀로 생각하기는 불가능하다.

되돌아보면 이 우주암호를 철학과 신학의 이론 체계라는 보다 더 객관적이고 보편적인 언어로 전환하여 그것으로 설명할 수 있게 되었지만 이를 실제로 활용하는 일은 아직까지는 쉽지 않아 보인다.

하지만 아무리 밤이 어둡고 지루하고 길다 해도 아침에 떠오르는 밝은 태양을 누가 막을 수 있겠는가? 무엇보다도 우리 한겨레는 처음부터 이 사고의 틀로 생각하고 또한 역사를 창조하고 운영해온 것이다. 다만 잠시 잊은 것뿐이다. 이를 회복하는 일이 그렇게 어려운 일만은 아닐 것이다.

따라서 누구든 용기勇氣와 열정熱情을 가지고 이 한철학과 한신학의 새로운 사고의 틀로 생각하고 세상을 보기를 원한다면 반드시 그렇게 될 수 있을 것이다. 그렇게 해서 지금까지와 전혀 다른 새로운 학문과 기술과 예술을 창조하고 싶다면 또한 반드시 그렇게 할 수 있을 것이다.

9. 이 책을 쓰는 과정

이 책은 지금까지 처럼 사람들을 만나지 않고 연구와 집필만 하는 방식과는 다른 방식으로 써졌다. 즉 문을 활짝 열고 강의와 대화를 하면서 기존의 이론 체계를 보다 세부적으로 가다듬는 과정에서 만들어졌다.

나는 2008년 천부경 2차 개정판과 2009년 삼일신고 2차 개정판의 발간으로 한철학과 한신학의 이론 체계가 확립됨에 따라 마음의 짐을 다소 덜게 되었다. 그리고 2009년 가을부터 때마침 작으나마 연구실을 마련하게 되어 자연스럽게 진리를 추구하는 분들과 만남과 강의가 이루어지게 되었다.

천부경과 삼일신고와 366사에 내장된 한철학과 한신학은 지금까지 전혀 알려지지 않았던 사고의 틀로 이루어졌다. 따라서 기존의 사고의 틀로 한철학과 한신학의 이론 체계를 이해하기는 불가능하다. 그러므로 강의와 자유로운 대화를 통해서 점진적으로 한철학과 한신학의 사고의 틀을 받아들일 수 있다. 누구나 말에는 사고思考가 묻어 있고 그 사고는 그 사람이 가진 사고의 틀의 범위 안에서만 이루어지기 때문이다.

그러나 자유로운 대화는 사고의 틀의 전환뿐 아니라 예상못한 새로운 성과를 얻게 해주었다. 그 첫 번째 성과는 작년 이후 강의에서 이루어진 성과이다. 그것은 이른바 우주암호이며 한철학과 한신학에 사용되어 온 이론 체계의 일부의 내용을 보다 광범위하고 쉽게 이해할 수 있게 하는 학문적 성과이다. 강의 중 사제지간에 나누게 된 자유로운 대화가 지금까지 그 누구도 이루지 못한 학문적 진보를 얻어낼 수 있음을 보여 준 것이다. 이 내용은 본문에서 설명하겠다.

그리고 두 번째 성과는 하나님에 관한 보다 넓고 깊은 이해이다. 나는 2009년 삼일신고(2차개정판)을 펴내며 한신론(韓神論 : Hananimism)에서는 인간의 중심에 존재하는 하나님이 우주 전체의 중심에 존재하는 우주적 하나님과 일체라는 사실을 밝혔다. 그리고 이 하나님과 기독교 성경 복음서의 하나님이 동일한 존재라는 사실을 처음으로 밝혔다. 이 책은 이 내용을 더 넓고 깊게 설명한다.

이 책은 새빛님과의 만남과 대화에서 나타난 성과와도 연관이 있다. 새빛님은 미군 장교로서 전쟁터에서 순간적으로 하나님께서 자신의 중심에 존재하신다는 생각이 들었다고 한다. 새빛님은 자신이 이해한 하나님을 미국에서 여러 성직자들에게 물어보았지만 누구에게도 시원한 대답을 듣지 못했다고 한다. 심지어는 지금까지 같은 생각을 가진 사람들조차

단 한 사람도 만나지 못했다고 한다.

세빛님은 내가 운영하는 하나님사이드(http://www.hananim.com)의 내용이 자신이 이해한 하나님과 일맥상통함을 보고 10년 전쯤 이메일로 연락을 해 왔다. 그리고 2009년부터 우리나라에 돌아와 근무하게 되어, 대화를 통해 교류를 하게 되었다.

나는 내가 말하는 것보다는 사람들의 말을 듣는 것을 훨씬 더 좋아한다. 특히 나는 새빛님의 지난 20년간 쌓이고 쌓인 종교적 이해와 생각을 작년부터 올해에 걸쳐 처음부터 끝까지 깊은 관심을 기우리며 들었다. 딱딱한 이메일과 달리 대화는 편하고 자유롭게 진행되었다.

새빛님은 이 대화에서 스스로 이해한 하나님과 한겨레의 한신론(韓神論 : Hananimism)의 하나님과 기독교 성경 복음서의 하나님이 동일한 존재라는 사실을 쉽게 확인했다. 나는 새빛님과의 대화를 통해 '나의 중심에 내려와 계신 하나님(一神降衷)'과 같이 중요한 내용을 이해하게 된 것을 축복으로 수용하지 못하고 혼란을 겪는 현실은 반드시 개선되어야 한다고 보았다. 이 생각은 이 책을 쓰게 된 중요한 계기 중 하나가 되었다.

이 책을 쓰는 동안 새재님과 한샘님, 한마음님은 소중한 정성을 보내왔다. 또한 새벽님과 새일님은 힘이 되었다. 그리고 신학식님, 이동희님, 권영희님은 소중한 마음을 보내왔다. 그리고 이 책을 쓰는 동안 도움이 된 분들과 이 책을 읽는 독자님들의 가정에 행운이 가득하고 원하는 소망이 이루어지기를 기원한다.

2010년 5월 최동환 섬김

제1장

거듭나는 삶—생명의 과정과 위기상태

거듭나는 삶—생명의 과정과 위기상태

또 이르시되 하나님의 나라는 사람이 씨를 땅에 뿌림과 같으니, 그가 밤낮 자고 깨고 하는 중에 씨가 나서 자라되 어떻게 그리 되는지를 알지 못하느니라. 땅이 스스로 열매를 맺되 처음에는 싹이요, 다음에는 이삭이요, 그 다음에는 이삭에 충실한 곡식이라. 열매가 익으면 곧 낫을 대나니 이는 추수 때가 이르렀음이리(막 4:26~29).

씨앗이 열매가 되는 과정은 가장 대표적인 생명生命의 과정過程이다. 그리고 생명의 과정은 식물뿐 아니라 모든 생명을 가진 생명체가 그 실제적인 삶을 통해 동일하게 경험하는 것이다.

이 말씀은 하나님 나라를 사람이 씨를 땅에 뿌림에 대한 비유로 설명하고 있다. 즉 하나님 나라를 비유하여 씨앗이 땅에 심어져서 싹이 되고, 이삭이 되며 그다음에는 곡식이 되고, 그 열매가 익으면 곧 추수가 되는 그 과정으로 설명하고 있다. 보다 자세한 씨 뿌리는 비유를 보자.

내가 진실로 너희에게 이르노니, 많은 선지자와 의인이 너희가 보는 것들을 보고자 하여도 보지 못하였고, 너희가 듣는 것들을 듣고자 하여도 듣지 못하였느니라. 그런즉 씨 뿌리는 비유를 들으라.

아무나 천국 말씀을 듣고 깨닫지 못할 때는 악한 자가 와서 그 마음에 뿌려진 것을 빼앗나니 이는 곧 길가에 뿌려진 자요,

돌밭에 뿌려졌다는 것은 말씀을 듣고 즉시 기쁨으로 받되 그 속에 뿌리가 없어 잠시 견디다가 말씀으로 말미암아 환난이나 박해가 일어날 때에는 곧 넘어지는 자요, 가시 떨기에 뿌려졌다는 것은 말씀을 들으나 세상의 염려와 재물의 유혹에 말씀이 막혀 결실하지 못하는 자요, 좋은 땅에 뿌려졌다는 것은 말씀을 듣고 깨닫는 자니, 결실하여 어떤 것은 백 배, 어떤 것은 육십 배, 어떤 것은 삼십 배가 되느니라 하시더라(마 13:17~23).

생명의 과정의 근원이 되시는 존재는 하나님이시다. 생명의 과정이야말로 만물 모두가 관계를 이루며 서로 돕는 가운데 하나가 되는 전체이며, 스스로 유지하고 적응하며 끊어짐 없이 이어지는 지속이다.

특히 인간이 생명을 가지고 살아 있다는 말은 기본적으로 몸과 마음이 통합되어 있다는 말과 같다. 몸과 마음이 통합되어 있는 것은 도저히 하나가 될 수 없는 양극단이 하나로 통합되어 있는 것이다. 이것이 생명의 근본 원리이다.

복음서에서 설명하는 씨 뿌리는 비유의 말씀에 담긴 철학과 신학이야말로 죽음의 원리를 생명의 과정 원리로 바꾸는 지금까지 없었던 혁명적인 것임을 알 수 있는 것이다.

이 말씀은 하나님 나라의 참다운 진리를 깨달은 자는 좋은 땅에 뿌려진 씨앗으로 생명의 과정을 정상적으로 진행하여 좋은 열매를 맺지만,

진리를 깨닫지 못한 자는 씨앗이 생명의 과정을 진행하지 못하여 열매를 맺기 어려움을 말하고 있다.

즉 진리로써 생명의 과정을 진행할 수 있는 사람은 하나님 나라의 진리를 깨달은 사람이고, 죽음의 과정을 진행할 수밖에 없는 사람은 하나님 나라의 진리를 받아들이지 못하는 사람인 것이다.

이 씨 뿌리는 비유를 종교적으로 받아들여 설명하는 것은 이미 오랫동안 서양에서 해 온 일로서 내가 더 보탤 것은 없다. 하지만 이 씨 뿌리는 비유에는 복음서 전체를 관통하는 철학과 신학이 감추어져 있다. 그것은 복음서의 말씀에 담긴 철학과 신학의 핵심인 생명의 원리이다. 더 자세하게는 생명의 과정 원리이다.

1. 거듭나는 삶과 생명의 과정

"너희가 거듭난 것이 썩어질 씨로 된 것이 아니요 썩지 아니할 씨로 된 것이니"(베전 1:23)

거듭난다는 말은 살아 있으면서 다시 태어나는 것과 동일한 말이되 그냥 다시 태어나는 것이 아니라 영원한 하나님 나라에서의 생명을 얻기 위해 생명의 진리의 세계에서 다시 태어남을 말하는 것이다.

거듭난다는 것은 곧 썩어서 죽음의 과정으로 전락할 삶이 썩지 않을 씨앗이 되어 영원한 삶을 얻는 생명의 과정을 진행하는 것이다. 거듭나지 못한다는 것은 썩어질 씨앗처럼 허무하게 생명을 잃고 사라지는 죽음의 과정을 말하는 것이다.

내가 네게 거듭나야 하겠다 하는 말을 놀랍게 여기지 말라(요 3:7).

예수 생전 당시 유대인 지도자 니고데모라는 사람이 이 거듭난다는 말의 의미를 이해하지 못하여 밤에 예수를 찾아와 물어보자 예수는 다음과 같이 대답한다.

예수께서 대답하여 이르시되 진실로 진실로 네게 이르노니 사람이 거듭나지 아니하면 하나님의 나라를 볼 수 없느니라. 니고데모가 이르되 사람이

늙으면 어떻게 날 수 있사옵나이까? 두 번째 모태에 들어갔다가 날 수 있사옵나이까? 예수께서 대답하시되 진실로 진실로 네게 이르노니 사람이 물과 성령으로 나지 아니하면 하나님의 나라에 들어갈 수 없느니라(요 3:3~5)

여기서 니고데모가 한 번 태어난 사람이 어떻게 다시 모태로 들어갈 수 있느냐고 물은 것은 참으로 솔직 담백한 질문이다.

니고데모는 씨앗이라는 식물이 아니라 인간으로서의 태아 상태를 말하고 있다. 이제 단순한 식물이 겪는 생명의 과정에서 직접 인간이 겪는 생명의 과정에 대한 설명으로 논의가 본격화되고 있다.

즉 니고데모는 인간이 이미 태어나 삶을 살고 있는데 어떻게 다시 어머니 뱃속에 들어가 태아가 되어 다시 태어나 삶을 살 수 있느냐고 묻고 있는 것이다.

여기서 니고데모는 거듭난다는 말이 영원한 생명을 얻기 위해서는 몸이 모태로 다시 돌아가는 것이 아니라, 지금까지 가지고 있던 죽음의 사고의 틀을 생명의 사고의 틀로 완전히 바꾸어야 함을 모르고 있는 것이다.

그 새로운 사고의 틀이 하나님 나라에서 영원한 삶을 누릴 수 있는 생명의 과정적 사고의 틀이다.

(1) 생명의 과정

다음의 그림과 같이 생명의 과정을 이루는 일곱 가지 상태는 모두 양극단을 통합한 상태이다. 지금까지의 철학과 신학은 이 여러 상태 중 단

하나도 설명할 수 없는 것이다. 이들은 단지 양극단이 분리되기 시작한 썩어질 씨앗이 되고 다시 양극단이 완전히 분리된 죽음의 상태인 무질서 상태로 사라져 갈 뿐이다.

다음의 그림을 보면 생명의 과정 전체에서 썩어질 씨앗과 썩지 않을 씨앗의 차이가 분명하게 드러난다. 썩지 않을 씨앗은 움이 되고, 이삭이 되고, 꽃을 피우고, 열매를 맺어 많은 생명체에게 도움이 되면서 다시 씨앗이 되어 생명의 과정을 진행한다.

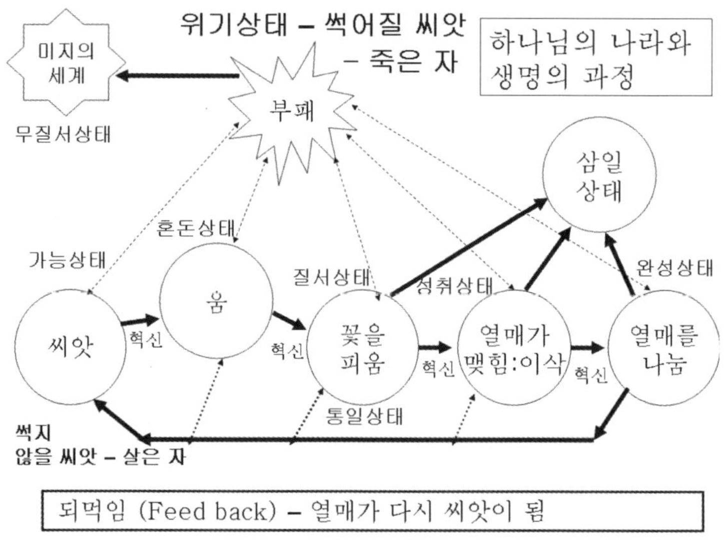

생명의 과정과 일곱 가지 상태

그러나 썩어질 씨앗은 다시는 생명의 과정에 참여하지 못하고 영원히 무질서한 상태로 전락하는 것이다. 즉 이 세상에 태어난 보람을 전혀 찾

44

지 못하고 영원히 생명의 과정에서 이탈되는 것이다.

생명의 과정이 설명하는 가능상태의 무한한 잠재력은 요한복음에서 다음과 같이 나타난다.

> 내가 진실로 진실로 너희에게 이르노니 한 알의 밀이 땅에 떨어져 죽지 아니하면 한 알 그대로 있고 죽으면 많은 열매를 맺느니라(요 12:24).

즉 썩지 아니할 씨앗이 생명의 과정을 거쳐 많은 열매를 맺는 과정이다.22) 이는 또한 다음의 비유와 같이 가장 작은 것이 가장 크게 되는 과정이다.

> 또 이르시되 우리가 하나님의 나라를 어떻게 비교하며 또 무슨 비유로 나타낼까? 겨자씨 한 알과 같으니 땅에 심길 때에는 땅 위의 모든 씨보다 작은 것이로되, 심긴 후에는 자라서 모든 풀보다 커지며 큰 가지를 내나니 공중의 새들이 그 그늘에 깃들일 만큼 되느니라(막 4:30~32).

하나님 나라에서 영원한 생명을 얻는다는 것은 그 시작은 가장 작은 겨자씨와 같이 초라하게 출발한다 해도 그 결과는 그 가지 그늘에 공중의 새들을 불러 모을 만큼 크다.

또한 복음서는 거듭나는 삶을 사는 사람을 살은 자로 정의하고 거듭나지 못하고 썩어질 씨앗과 같은 상태에 머무는 자를 죽은 자로 정의했다.

---

22) 요한이 이 비유에서 한 알의 밀이 죽는다는 비유로 예수의 말씀을 설명한 것은 다소 오해의 소지가 있어 보인다. 씨앗이 죽어서 생명의 과정이 진행되는 것이 아니다. 가능상태인 씨앗이 스스로를 혁신하여 혼돈상태와 질서상태 등으로 생명의 과정을 진행하는 것이다.

하나님은 죽은 자의 하나님이 아니요, 살아 있는 자의 하나님이시라. 하나님에게는 모든 사람이 살았느니라 하시니(눅 20:38).

예수께서 이르시되 죽은 자들이 그들의 죽은 자들을 장사하게 하고 너는 나를 따르라 하시니라(마 8:22).

이 비유는 목숨은 살아 있지만 영원한 생명의 과정에 참여하지 못하기 때문에 결국 죽은 자와 같다는 진리로 이해할 수 있다.

(2) 어린아이로 돌아가라

사람들이 예수께서 만져 주심을 바라고 어린 아이들을 데리고 오메 제자들이 꾸짖거늘, 예수께서 보시고 노하시어 이르시되 어린 아이들이 내게 오는 것을 용납하고 금하지 말라. 하나님의 나라가 이런 자의 것이니라. 내가 진실로 너희에게 이르노니, 누구든지 하나님의 나라를 어린아이와 같이 받들지 않는 자는 결단코 그곳에 들어가지 못하리라(막 10:13~15).

어린아이 중에서 가장 어린아이는 누구인가? 바로 태아胎兒이다. 즉 모든 잠재력을 가득 가지고 있는 태아의 상태로 다시 돌아와 순수한 태아와 같은 마음이 되어 다시금 생명의 과정을 시작하여 그 과정을 완성함으로써 하나님 나라의 영원한 생명을 얻을 수 있는 것이다.

이 태아야말로 생명의 과정의 시작인 가능상태다. 식물의 경우 씨앗과 같은 상태이다.

하나님의 나라를 어린아이와 같은 마음으로 받드는 자만이 하나님의
나라로 갈 수 있다고 했다. 이 역시 썩어질 씨앗이나 죽은 자와 같은 위
기상태에 있는 사람들로 하여금 생명의 과정으로의 복귀로 이해할 수
있다.

2. 예수의 생애로 설명하는 생명의 과정

생명의 과정은 모든 생명체에 적용되는 거대한 법칙이다. 그런데 예수의 생애야말로 대표적인 생명의 과정이다. 복음서에서 썩어질 씨앗에서 썩지 않을 씨앗으로 되는 생명의 과정은 예수의 생애 그 자체에서 잘 나타나 있다.

우리가 플라톤과 아리스토텔레스와 칸트, 그리고 하이데거와 화이트헤드에게서가 아니라 '예수에게서 예수를' 발견하는 일은 오직 4대 복음서[23]에 담긴 예수의 생애와 언행을 이해하는 일에서 시작할 수밖에 없다. 복음서에 대해서는 여러 가지 설[24]들이 있지만 4대 복음서 이상으로 분명한 자료는 없는 것이다.

예수의 생애를 적용한 생명의 과정은 그림으로 표현한 생명의 과정에

---

[23] 마가복음의 편집 시기를 65~70년으로, 마태복음과 누가복음의 편집 시기를 80~90년으로, 요한복음의 편집 시기를 1세기 말로 보는 것이다. 이 가설이 오늘날 우위를 점하고 있지만, 확실한 것은 아무것도 없다.
제롬 프리외르, 제라르 모르디아, 『예수 대 예수』, 이상용 역, 한연, 2006년, 124쪽.

[24] 두 자료설 : 마가복음이 우선이고, 마태복음과 누가복음이 그것에 종속된다. 그래서 마가복음을 구성하는 661개의 구절 중 660개의 구절이 동일하거나 절반 이상이 비슷한 형식으로 마태복음에 실려 있다. 원복음으로 가장 먼저 편집된 마가복음이 다른 복음서의 첫 번째 근원이 되었다……
그러나 마가복음에서 찾을 수 없는 내용이 마태복음과 누가복음에 공통적으로 담겨 있다. 19세기 독일의 학자 슐라이어마허는 마태와 누가는 마가가 알지 못했던 자료를 참조했다고 가장한다. 이를 출처 또는 원천을 뜻하는 독일어 Quelle의 첫 글자를 따서 'Q'라고 불렀다. 따라서 두 자료설에 의하면 다른 복음서들은 마가복음과 Q자료의 산물이다……. 오늘날 많은 학자들이 이 학설을 사용하고 있다.
앞의 책, 126쪽.

서 확인했듯이 일곱 가지 상태로 나타난다. 이 책에서는 일곱 가지의 상태 중 다음의 세 가지 상태를 설명한다.

(0) 무한한 잠재력의 예수 그리스도 : 가능상태

인간 개인과 사회, 그리고 만물과 대우주는 모두 생명체로서의 과정을 경험한다. 그 시작은 아직 시작이 아닌 시작으로서의 모든 잠재력을 가지고 있는 상태인 가능상태이다. 인간의 경우 태아와 같은 상태이다.

복음서는 아직 예수가 태어나 본격적으로 활동을 하기 전에 예수에 대한 잠재력을 구약에서 예언된 메시아로서의 그리스도로 그리고 있다. 또한 복음서는 예수가 태어나기 전 동방박사가 별을 찾아 예수를 찾아오는 사건을 통해 이 그리스도로서의 거대한 잠재력을 설명하고 있다. 바로 이것이 가능상태이다.

(1) 창조하는 중재자 예수 : 혼돈상태

인간과 만물 그리고 대우주는 살아 있는 생명체로서의 과정을 경험한다. 그중 혼돈상태를 예를 들어 설명하자면 달걀이 닭이 되기 직전의 달걀 안의 병아리와 같은 상태이다. 식물의 경우 '움'의 상태이다. 이 상태가 창조의 중요한 과정이 된다.

그러나 플라톤과 아리스토텔레스 이래 칸트와 틸리히에 이르기까지 이 과정을 포착하여 철학과 신학으로 설명한 사람은 아무도 없다. 동양에서도 사정은 동일하다.

예수는 태어나기 전 예언된 메시아로서의 잠재성이 현실적인 질서상태가 되기 전 이 혼돈상태를 겪는다. 즉 40일간 광야에서 금식 기도를 통하여 한편으로는 성령에 이끌리고 한편으로는 마귀에게 시험을 받는다(눅 4:1~2).

이 과정을 통해 예수는 자신이 속한 유대의 헤브라이즘과 당시 최고의 지식이었던 그리스의 헬레니즘의 한계를 뛰어넘는 웅장한 진리를 발견한다. 그리고 예수는 여러 가지 비유를 들어 이 혼돈상태를 설명한다.

뒤에 설명하겠지만 예수는 혼돈상태를 통해 이 세상에서 도저히 하나가 될 수 없는 양극단을 하나로 통합하는 진리를 세상에 펼침으로써 스스로 하나님과 인간을 연결하는 중재자가 된다.

즉 하늘의 영역과 땅과 인간의 영역을 통합하는 영역이 의미하는 중재자가 되는 것이다. 이 양극단인 하늘과 땅의 영역을 중재하는 영역은 소통과 통합의 영역이다.

이 상태가 바로 예수의 생애와 언행이 담고 있는 창조력을 보여 주는 상태이다. 예를 하나 들자면 복음서는 중재자이면서 동시에 창조자인 예수의 진리를 '원수를 사랑하라!'는 지혜의 말로 상징한다. 그러나 이 말에 담긴 의미는 아직까지 그 어떤 철학자와 신학자도 도달하지 못한 심오한 철학과 신학의 영역을 담고 있다. 그것이야말로 중재자이면서 창조자인 예수의 진리를 설명하기 때문이다.

그리고 복음서에 담긴 여러 가지 지혜의 말이 이 중재자이면서 창조자인 예수의 진리를 설명함에 있어서 조금도 부족함이 없다.

(2) 빛과 진리로서의 나사렛 예수와 그리스도 : 질서상태

복음서에는 나사렛 예수라는 평범한 이 세상 사람으로서의 개인과 메시아로서 그리스도라는 성스러운 존재가 하나로 통합하여 존재하고 있다.

나사렛 예수는 다른 사람들과 동일하게 옷을 입고 음식을 먹고 집에서 잠을 자며 남과 동일하게 삶을 산다. 그러나 그리스도는 하나님과 소통하며 영원한 진리의 세계에서 삶을 살며 하나님 나라를 세상에 선포한다.

우리는 어떻게 서로 극단적으로 다른 두 존재가 동일한 시간과 동일한 공간을 공유하며 통합된 상태로 생애를 살아갈 수 있었다는 사실을 이해할 수 있을까? 지금까지 존재한 그 어떤 철학과 신학의 이론 체계도 이같이 나사렛 예수와 그리스도가 하나로 통합되는 진리를 설명하지 못했다.

그러나 나사렛 예수와 그리스도가 하나로 되는 상태야말로 명확하게 철학과 신학으로 설명될 수 있는 내용이다. 뿐만 아니라 이 영역이야말로 철학과 신학의 가장 핵심적인 영역을 설명한다.

이 상태가 예수가 복음서의 구절구절에서 그렇게 강조하던 생명의 이론인 생명의 과정에서 설명하는 질서상태이다. 이 질서상태에서 속역俗域의 나사렛 예수와 성역聖域의 그리스도가 통합되는 것은 당연한 일이다.

뿐만 아니라 이 세상의 모든 인간과 사회와 만물과 대우주가 진행하는 생명의 과정에서 이 같은 질서상태는 가장 대표적인 상태가 된다.

바로 이 상태의 중심에 하나님이 임재하신 것이다.

제2장

잃어버린 한 마리의 양—$100 = 99 + 1$

잃어버린 한 마리의 양—100=99+1

인자가 온 것은 잃어버린 자를 찾아 구원하려 함이니라(눅 19:10).

예수는 자신이 이 세상에 온 목적이 바로 이 잃어버린 자를 찾기 위해서라고 선포했다. 이 선포야말로 4대 복음서에 담긴 모든 말씀의 바탕이 되는 진리를 담고 있음을 알게해 주는 것이다.

이 내용은 '잃어버린 양 한 마리'의 비유의 핵심과 긴밀하게 연결된다. 그리고 이 잃어버린 양 한 마리의 비유는 곧바로 우리나라의 여러 지방의 전설들과 직접 연결된다. 그리고 나아가 한국 고유의 정신을 담은 성경聖經인 천부경과 삼일신고와 366사에 내장된 한철학과 한신학의 가장 근본이 되는 내용과 직결된다. 이로써 단군과 예수의 진리가 하나가 되어 대화가 이루어지는 결정적인 연결 고리가 만들어지기 시작한다.

이렇게 빠진 하나를 채워 이루어지는 전체는 개별성과 다양성을 모두 만족시키는 전체로서 생명의 과정의 기본 원리이다. 이를 우리말로는 '온'이라고 하며 온은 곧 100이라는 숫자를 나타낸다. 이 우리말 '온'이 의미하는 전체로서의 100은 생명을 조직하는 가장 기본적인 원리로서 생명의 과정 철학과 신학의 바탕이 되는 것이다.

3. 하나님 나라의 기본 설계 원리 100=99+1

복음서의 말씀이 설명하는 잃어버린 자는 주로 헐벗고 굶주리고 병든 자들로 사회에서 소외된 사람들이다.

세리들과 죄인들이 모두 예수의 말씀을 들으려고 모여들었다. 이것을 본 바리사이파 사람들과 율법학자들은, "저 사람은 죄인들을 환영하고 그들과 함께 음식까지 나누고 있구나!" 하며 못마땅해 하였다. 그래서 예수께서는 그들에게 비유로 말씀하셨다.

"너희 가운데 누가 양 백 마리를 가지고 있었는데 그중에서 한 마리를 잃었다면 어떻게 하겠느냐? 아흔아홉 마리는 들판에 그대로 둔 채 잃은 양을 찾아 헤매지 않겠느냐? 그러다가 찾게 되면 기뻐서 양을 어깨에 메고 집으로 돌아와 친구들과 이웃을 불러 모으고 '자, 같이 기뻐해 주십시오. 잃었던 양을 찾았습니다.' 하며 좋아할 것이다."(눅 15:1~6)

예수께서는 소외된 자들인 죄인, 세리, 창녀들과 식사와 대화를 스스럼없이 즐겨했지만 당시의 기득권자들은 이를 비난했다. 그러자 예수는 그들에게 하나님 나라의 설계 원리인 100=99+1의 진리를 설파한다.

즉 먼저 양 100마리 중 한 마리가 길을 잃었다면 아흔아홉 마리를 산에 두고 그 길 잃은 한 마리를 찾지 않겠느냐고 묻는다.

전체를 상징하는 100은 그 하나하나의 독자적인 개별성이 모이고 통합되어서 다양성을 가진 전체가 된다. 그중 하나라도 빠지면 전체의 조화와 통합이 파괴됨을 말하는 것이다. 하나님 나라는 전체에서 단 하나라도 빠지는 불완전한 나라가 아니라는 것이다. 즉 1인 극도로 소외된 계층의 사람들까지 품어 안을 때 비로소 나머지 온전한 99가 완전한 100이 되어 하나님 나라의 하나님 백성을 이룰 수 있다는 진리를 설파한 것이다.

여기서 비유한 100=99+1이라는 수식은 실로 조화와 통합의 가장 근본적인 진리의 수식으로 이른바 신성神聖의 수식이라고 해도 조금도 부족함이 없다. 이 수식이 내가 말하는 우주암호 중 가장 기본적인 것이다.

"너희의 생각은 어떠하냐? 어떤 사람에게 양 백 마리가 있었는데 그중의 한 마리가 길을 잃었다고 하자. 그 사람은 아흔아홉 마리를 산에 그대로 둔 채 그 길 잃은 양을 찾아 나서지 않겠느냐?
나는 분명히 말한다. 그 양을 찾게 되면 그는 길을 잃지 않은 아흔아홉 마리 양보다 오히려 그 한 마리 양 때문에 더 기뻐할 것이다.
이와 같이 하늘에 계신 너희의 아버지께서는 이 보잘것없는 사람들 가운데 하나라도 망하는 것을 원하시지 않는다."(마 18:12~14)

이 잃어버린 양의 비유는 하나님 나라의 기본 설계 원리다. 하나님 나라는 아무리 보잘것없는 사람이라도 그 타고난 본분을 다하도록 설계되어 있다는 것이다.

20세기 최대의 신학자인 불트만은 일찍이 마가, 누가, 마태가 전한 공관복음의 전승에 대해 그 근거를 구약 성서와 유대교와 그리스적 유산과 헬레니즘적인 영지주의와 밀교 등을 샅샅이 뒤져 밝혀냈다.

하지만 불트만은 복음서에서 가장 중요한 대목 중의 하나인 이 '잃어버린 한 마리의 양' 대목에 대해서는 아무런 전승이나 근거를 밝혀내지 못했다. 불트만이 이 부분에 대해 한 말은 단지, "이 비유의 본질적인 특성임이 분명한 잃은 것에 대한 재발견에 대한 기쁨을 서술한 것"25) 정도에 불과하다. 굳이 신학자가 아니라도 그 정도의 상식적인 해설을 할 수 있는 사람은 얼마든지 있을 것이다.

무려 2,000년 동안이나 신학자들은 이 100=99+1이 지닌 놀라운 철학적·신학적 의미에 대해서 조금도 깊이 있게 생각해 보지 않았다는 사실을 불트만은 말하고 있는 것이다.

---

25)루돌프 불트만, 『공관복음 전승사』, 허혁 역, 대한기독교서회, 1971년, 217쪽.

4. 조화와 통합 원리로서의 100=99+1

내가 너희에게 이르노니 이와 같이 죄인 한 사람이 회개하면 하늘에서는 회개할 것 없는 의인 아흔아홉으로 말미암아 기뻐하는 것보다 더하리라(눅 15:7).

복음서에서 '잃어버린 양'으로 비유한 것의 본심은 다름아닌 인간임에는 말할 나위가 없는 것이다. 이 사실이 죄인 한 명과 회개할 것이 없는 하늘나라의 의인 아흔아홉 명으로 설명되고 있다.

여기서 회개란 자신이 본래적으로 가지고 있는 하나님 나라의 진리로 돌아감을 의미한다. 즉 인간 세상의 죄인 한 사람이 자신을 돌이켜 본래적 올바름을 되찾지 않으면 이미 올바른 삶을 살아 하늘나라에 와 있는 의로운 아흔아홉 명도 하나의 전체를 이루지 못하고 불완전한 채로 머물러야 한다는 말이다.

이는 하늘 위의 하나님 나라와 이 세상이 불가분의 관계로 이루어져 있음을 말하고 있다. 즉 이 세상의 인간이 구제되지 않으면 하늘의 하나님 나라도 결코 완전하지 않다는 진리를 담고 있는 것이다.

100=99+1의 수식이 의미하는 것은 인간 개개인이 원래부터 악이 아니라 처음부터 전 우주적으로 가장 소중한 존재라는 놀라운 진리이다.

5. 챌린저 호 폭발 사건과 하나님 나라의 원리 100=99+1

1986년 1월 28일, T.V를 통해 미국 케네디 우주 센터에서 우주 왕복선 챌린저 호의 이륙이 생방송으로 중계되고 있었다.

카운트다운이 시작되고 11시 38분에 역사적인 발사가 이루어졌다. 그러나 발사 73초 만에 전 세계인이 지켜보는 가운데 큰 폭발음과 함께 우주선은 해발 고도 14,400m 상공에서 폭발하고 말았다. 그리고 승무원 일곱 명은 세계인의 마음을 아프게 하며 아까운 생명을 잃고 말았다.

사고의 원인은 어이없게도 오른쪽 로켓 부스터에 있는 'O-ring'의 문제였다. 'O-ring'은 일종의 고무 링으로 이음매를 밀봉하는 역할을 하는 것이다. 이 사건은 1980년 대 당시 미국의 전 분야를 통해 넘쳐 나던 미국인들의 자신감에 찬물을 끼얹는 큰 충격을 준 사건이었다.

(1) 문제는 'O-ring'이 아니라 인간이다.

나는 이 사건을 보는 즉시 이 사건이 부속품의 문제가 아니라 인간의 문제임을 알았다. 이 챌린저 호를 만들기 위해서는 먼저 철저한 설계가 필요하다. 그리고 그 설계에 의해 수많은 부속품과 그것을 조립하는 공정이 필요하며, 그 공정마다 결함의 유무를 검사하는 과정이 필수적으로 따른다.

사람들은 이 모든 작업에서 많이 배우고 큰 권한이 있는 사람들이 중요하다고 생각한다. 그러나 이 같은 생각은 현실을 모르는 사람들의 탁상공론식의 비현실적인 생각에 불과하다.

나는 사우디아라비아의 사막에서 진행된 건설 현장에서 생명의 과정을 설명하는 한철학이 실제로 건설 현장을 움직이는 것을 체험했고, 그 내용이 천부경과 삼일신고와 366사에 공통적으로 내재하여 있는 것을 보고 그것을 현대적 철학과 신학의 이론 체계로 만들었다.

따라서 나는 전체를 조직하는 모든 사람들은 지위 고하를 막론하고 모두가 동등한 권력을 가지고 있다는 사실을 건설 현장에서 직접 체험한 경험으로 너무나 잘 알고 있다.

100=99+1에서 100은 전체 챌린저 호이다. 이 전체 챌린저 호를 이루는 일에 1이 빠진 99는 전체 챌린저 호가 아니며 전체가 아닌 99의 챌린저 호는 이미 챌린저 호가 아니다.

챌린저 호를 만드는 엄청난 작업에서 수많은 엔지니어가 설계와 시공과 검사에 투입되었을 것이다. 그리고 그 조립에는 수많은 기능공이 참여했을 것이다.

결국 이 비극은 작업에 참가한 사람들의 부주의와 소홀함으로 인한 사고이며 이는 곧 무책임함으로 귀착되는 것이다.

그리고 그 무책임은 그들 모두가 반드시 가졌어야 할 정성精誠이 부족했기 때문으로 볼 수 있다. 그리고 그 인간의 정성 안에는 반드시 하나님이 작용하고 계신 것이다. 따라서 정성이 없는 일은 하나님의 참여가 없는 일이 되는 것이다. 하나님의 참여가 없는 일에서 문제가 발생하는 것은 당연한 일이라고 볼 수 있지 않겠는가?

우리 한겨레의 고유한 경전인 366사의 여덟 개 강령 중 첫 번째 강령

이 성誠으로서 366개 가르침 중 그 첫 번째가 정성精誠이다.

그 의미는 모든 일의 시작에서 정성精誠을 닦아야 하나님께서 그 일에 참여하시고 그럴 때 비로소 일을 시작할 수 있다는 진리이다. 그리고 그 정성을 잃을 때 그 일은 이루어질 수 없음을 말하는 것이다.

여기서 366사의 그 첫 번째 가르침인 성誠의 본문을 한 번 읽어 보기로 하자.

제1 강령綱領 : 성誠__정성[第1事]

성誠은 인간의 가장 중심이 되는 곳에서부터 싹트는 것이며, 하늘이 부여한 깨끗한 본바탕을 지키려고 하는 것이다. 성誠에는 6체體 47용用이 있다.26)

정성은 인간의 중심에 존재하는 하나님에게서부터 발현된다는 것이다. 비극적인 챌린저 호의 폭발 사건은 누군가의 그 정성 없는 일을 한 사람이 있으므로 해서 전체를 조직하는 100을 99로 만든 것이다.

또 다른 면을 살펴보자. 그 거대한 설계와 공사의 과정에서 'O-ring'에 문제가 있을 수 있다는 생각을 하거나 그 사실을 알았던 사람이 한 사람

---

26) 최동환 해설, 『366사(참전계경)』, 지혜의 나무, 2007년, 227쪽.
　　【풀이】 고대 경전에서 가장 중요한 것은 항상 그 첫 번째 글이다. 366사에서도 가장 중요한 부분은 바로 이 제1사 성誠이다. 366사의 저자는 366가지 사事에 '한'의 영역을 설정하는 1개의 중심적인 사事를 제1사인 성誠으로 설정한 것이다. 즉 정성은 인간의 성역聖域의 중심에 존재하는 하나님(하느님 ; 一神)에서부터 발현하기 때문이다.
　　誠者(성자)는 衷心之所發(충심지소발)이요 血性之所守(혈성지소수)니 有六體四十七用(유육체사십칠용)이니라.

도 없었을까? 설계에서 완성까지 거듭거듭 검사가 이루어지는 이같이 국가적인 대규모 작업에서 모두가 모르기는 어려울 것이다.

조금이라도 문제가 있다고 생각한 사람이 있었다면 그는 왜 모른 체했을까?

이 작은 문제의 중요성을 모르는 사람은 반드시 큰일을 망치는 사람이 된다. 한겨레의 고유한 경전인 366사에는 이 문제가 철저하게 다루어져 있다. 366사의 366가지 가르침 중에서 마음을 감추는 185사의 익심匿心을 살펴보자.

제1 목目 : 익심匿心_마음을 감춤[第185事]

익匿은 감추는 것이니 마음으로부터 마음을 감추고 마음으로부터 마음을 속이면 마음은 이에 텅 비게 되는 것이다. 멈출 때는 단지 흙과 나무와 같으며 움직일 때는 단지 고깃덩어리의 시체일 뿐인 것이다. 단지 흙과 나무로 어찌 일을 논할 수 있겠으며 단지 고깃덩어리의 시체가 어찌 사람을 따를 수 있겠는가?27)

---

27) 최동환 해설, 『366사(참전계경)』, 지혜의 나무, 2007년, 376쪽.
　【풀이】 숨김으로써 이익을 얻는다고 생각한 순간 상대방에게 주장할 수 있는 기존의 권리를 스스로 포기한 것이다. 이 경우 속이는 상대가 부모 형제이든 사제지간이든 친구지간이든 상관없이 위기상태가 되어 버리는 것이다.
　匿은 藏也니 藏心於心하고 欺心於心이면 心已空矣라 止則土木이요
　익　　장야　　장심어심　　　기심어심　　　심이공의　　지즉토목
　行則肉尸니 土木而能論事하며 肉尸而能追人乎아.
　행즉육시　　토목이능론사　　　육시이능추인호
　(단어 정리) 익匿 : 숨다, 숨기다, 감추다. 장藏 : 감추다, 간직하다.
　(비교 검토) 성경팔리는 心已空矣라 했고, 참전계경은 心欺空矣라 했고, 개천경과 배달전서는 心已空矣라 했다.

인간 사회에서는 감추어서는 절대로 안 되는 마음을 감추는 익심匿心이 언제든지 누구에게나 생길 수 있다. 물론 마음을 감춘 자는 그야말로 살아 있는 인간이지만 흙이나 나무, 그리고 고깃덩어리와 시체인 것과 마찬가지이다. 그러나 다스리는 자는 이와 같이 하늘에 죄를 짓는 사람이 생겨나지 않도록 세심하게 일을 해야 하는 것이다.

이번에는 366사의 366가지 가르침 중에서 누구나 알아야 할 사실을 혼자만 알고 있는 187사의 신독信獨을 살펴보자.

제3 목目 : 신독信獨_혼자서 믿음[第187事]

신독信獨은 남이 알지 못한다고 여기는 것이다. 혼자 스스로 속임수를 만들어 비록 아무도 아는 사람이 없다 하더라도 영靈이 이미 마음에 알리고, 마음이 이미 하늘에 알리고, 하늘이 이미 신神에게 명령하니 신神이 내려와 비치니 해와 달이 그 위에서 빛난다.[28]

이 세상에 혼자만 알고 있는 일은 없다. 자신은 혼자만 알고 있다고 생각하고 모른 척한다 해도 이미 하나님은 알고 계신 것이다. 이와 같이

---

[28] 최동환 해설,『366사(참전계경)』, 지혜의 나무, 2007년, 377쪽.
　　【풀이】 남을 속이는 사람은 남을 속이면서 그 사실을 혼자만 알고 있다고 생각하기 쉽다.
　　그러나 시간이 가면 모든 사람이 다 그 사실을 안다는 것을 혼자만 모르게 된다.
　　信獨者는 謂無人知覺也라 獨自做欺하여 雖謂無知者는 靈已告心하고
　　신독자　　위무인지각야　　독자주기　　수위무지자　　영이고심
　　心已告天하고 天以命神하니 神已照臨하여 日月이 燭其上이니라.
　　심이고천　　　천이명신　　신이조임　　　일월　촉기상
　　(단어 정리) 주做 : 짓다. 만들다.
　　(비교 검토) 성경팔리는 天已命神이라 했고, 참전계경, 개천경, 배달전서는 天以命神이라 했다.

모두가 알아야 할 일을 혼자만 알고 숨긴다면 그것은 하나님에게 죄를 짓는 일이 된다.

무릇 책임자는 이와 같은 죄인이 생겨나지 않도록 먼저 전체를 조직하는 구성원 모두가 제대로 된 사고의 틀을 갖도록 해야 하는 것이다.

이같이 인간 사회에서 감추어서는 절대로 안 되는 마음을 감추거나, 모두가 알아야 할 일을 혼자만 알고 숨긴다면 그 전체는 생명의 과정을 진행하는 과정에서 아무리 높은 단계에 도달했다 하더라도 그것은 단 한 명의 문제로 인해 즉시 전체 과정이 무효가 된다.

바로 이같이 인간 사회에서 통합 이전과 이후를 막론하고 언제 어디에서든 일어날 수 있는 극히 현실적이면서 철학적이며 신학적인 문제가 복음서에서 잃어버린 양 한 마리, 즉 100=99+1로 표현된 것이다.

(2) 인간 사회의 설계 원리가 하나님 나라의 설계 원리와 같다.

하나의 진리는 모든 것에 공통으로 적용되는 것이다. 하나님 나라의 설계 원리는 곧 우주선 챌린저 호의 설계 원리와 다른 것이 아닐 것이다.

이 챌린저 호의 폭발 사고는 '잃어버린 양'이 설명하는 100=99+1이라는 하나님 나라의 설계 원리가 얼마나 현실적이며 또한 소중한 것인지에 대해 잘 설명하고 있다.

뿐만 아니라 인간 사회의 모든 부분의 설계 원리와 조금도 다른 것이 아니다. 바로 이 하나님 나라의 설계 원리인 100=99+1이야말로 지금까지 그 어떤 철학과 신학에서도 설명 못한 진정 소중한 소통과 통합과 철학 원리요 신학 원리인 것이다. 현실에서 적용할 수 없는 철학과 신학은 쓸데없는 공리공론空理空論에 불과한 것이기 때문이다.

아무리 쓸모없어 보이는 사람이라도 인간으로 태어난 이상 그 역할이 있기 마련이다. 그 역할이 무엇인가를 찾아내어 그가 세상에 태어난 이유와 보람을 찾게 해주는 일이야말로 가장 중요한 일이다. 인간 사회에서도 이 일은 가장 중요한 일이며 당연하게도 하나님 나라에서도 가장 중요한 일이다.

바로 이 중요한 일을 100=99+1이라는 수식이 설명하며 이 원리가 잃어버린 한 마리의 양으로 비유되어 있는 것이다.

6. 하나님 나라의 기본 설계 원리와 단군과 예수의 만남

또 어떤 여자에게 은전 열 닢이 있었는데 그중 한 닢을 잃었다면 어떻게 하겠느냐? 그 여자는 등불을 켜고 집 안을 온통 쓸며 그 돈을 찾기까지 샅샅이 다 뒤져 볼 것이다. 그러다가 돈을 찾게 되면 자기 친구들과 이웃을 불러 모으고, "자, 같이 기뻐해 주십시오. 잃었던 은전을 찾았습니다." 하고 말할 것이다. 잘 들어 두어라. 이와 같이 죄인 하나가 회개하면 하느님의 천사들이 기뻐할 것이다(눅 15:8~10).

복음서에서 은전 열 닢 중 한 닢을 잃어버린 여자의 비유는 '잃어버린 한 마리의 양'의 비유와 동일한 내용을 말하고 있다.

이는 곧 죄인 한 사람이 썩어질 씨앗에서 썩지 않을 씨앗이 되어 죽은 자에서 살은 자로 되는 것은 하나님 나라에서 천사들이 기뻐할 일이 라는 말과 같다.

우리 한겨레에게는 이 내용과 비슷한 금언金言이 전해진다. 이 금언은 단군왕검께서 전한 단군팔조교의 여덟 가지 가르침에서 제5조의 내용이다. 즉,

단군팔교조 제5조檀君八條敎 第五條

너희들은 열 손가락을 깨물어 보아라. 손가락이 크든 작든 똑같이 아프지

아니한가? 서로 사랑하되 헐뜯음이 없고, 서로 도와주되 서로 다툼이 없다면 가정도 나라도 모두 부흥하리라.[29]

우리 한국인으로서, "너희들은 열 손가락을 깨물어 보아라. 손가락이 크든 작든 똑같이 아프지 아니한가?"라는 말을 모르는 사람은 없을 것이다. 이 진리는 우리 한겨레 모두에게 단군조선 창업 이래 전해지며 이제는 마치 격언처럼 전해지기 때문이다.

이 단군팔교조는 단군왕검께서 단군조선을 세우면서 전한 단군팔교조의 다섯 번째 조항이다.

이 가르침은 부모 입장에서 열 손가락 중 하나도 깨물어서 아프지 않은 손가락이 없듯 모두가 소중한 자식이며, 하나님에게 모든 인간은 모두가 소중하다는 의미이다.

따라서 아무리 보잘것없는 사람일지라도, "서로 사랑하되 헐뜯음이 없고, 서로 도와주되 서로 다툼이 없다면 가정도 나라도 모두 부흥하리라."고 말하는 것이다.

이 단군의 가르침은 가정에서부터 국가, 나아가 전 인류에 이르기까지를 하나로 소통하고 통합하는 대진리를 담고 있는 것이다.

그 대진리의 바탕이 열 손가락에서 쓸모없는 손가락이 하나도 없듯 가

---

[29] 이 단군팔조교는 천부경 개정판에 실려 있었다. 그러나 천부경 2차 개정판에서는 분량문제로 싣지 못했다. 한겨레의 고유한 경전은 천부경, 삼일신고, 366사 이외에도 단군팔조교를 비롯하여 열 권 정도의 경전이 있다. 이 책들은 한겨레의 고유한 정신을 설명하는 대단히 중요한 자료로서 조만간 다시 내용을 보강하여 단행본으로 발간할 예정이다.
최동환, 『천부경』, 지혜의 나무, 2000, 419쪽 부록.
이작십지 통무대소 이상애 무서참 호우 무상잔 가국이흥
爾嚼十指 痛無大小 爾相愛 無胥讒 互佑 無相殘 家國以興

정이나 국가나 모두가 서로에게, "서로 사랑하되 헐뜯음이 없고, 서로 도와주되 서로 다툼이 없다."는 절대적인 사랑의 상태로 되어야 한다는 것이다.

이 사랑은 100=99+1이 의미하는 사랑과 동일한 내용이다. 이는 단군께서 전한 천부경 원리와 예수의 말씀이 하나가 되는 순간이기도 하다. 단군과 예수는 입을 모아 하나님 나라의 기본 설계 원리를 말하고 있는 것이다.

7. 하나님 나라의 기본 설계 원리와 한겨레의 전설

복음서의 예수의 말씀에서 여러 가지 예를 들어 강조한 하나님 나라의 기본 설계 원리인 100=99+1은 우리 한겨레와 불가분의 밀접한 관계를 가지고 있다.

먼저 이 100=99+1은 한겨레의 고유한 경전인 천부경天符經의 기본원리이다. 여기서의 100은 우리말 '온'을 의미하며 이는 곧 천부경 81자 중 4자인 일적십거를 설명한다. 그리고 이 개념은 천부경의 가장 근본을 이루며 또한 삼일신고와 366사의 핵심 원리를 이룬다.

그리고 이 100=99+1의 개념은 몽골 족과 부리아트 족의 신화에도 동일한 것으로 전해지며, 천부경이 설명하는 음양오행의 원형 개념이 신화로 전해진다. 이는 이들과 우리가 원래 한 가족이었음을 잘 말해준다.

뿐만 아니라 100=99+1은 우리나라에 전해지는 여러 전설로도 나타난다. 즉 영암과 인천, 그리고 제주도에서 이와 동일한 내용이 전설로 바뀌어 전해지고 있다.

그리고 이는 우리나라의 무속에도 녹아서 전해진다. 즉 이 100=99+1의 개념이 아흔아홉 상쇠 방울이라는 물건에 적용되어 전해지고 있다. 그리고 지리산의 마고麻姑 전설에 이와 동일한 개념의 전설이 전해지고 있다. 이 우주암호는 놀랄 만큼 광범위하게 적용되어 있다.

(1) 영암의 전설과 100=99+1

영암의 월출산에는 아흔아홉 개의 골짜기가 있는데 단 한 개의 골짜기가 모자라 영암이 서울이 되지 못했다.

이 전설은 영암 사람들 모두에게 익히 잘 알려진 이야기로서 영암 월출산 일대를 100=99+1의 천부경 원리로 설명하는 의미심장한 내용을 알게 해주는 것이다. 이 전설은 월출산에 아흔아홉 골짜기가 있고 아흔아홉 암자가 있었다는 속설을 남겼다.[30] 이 단순한 전설의 이야기는 신약의 복음서의 말씀과 몽골 족과 부리아트 족의 신화에 이르기까지 동일한 진리를 보존하고 있는 것이다.

알고 보면 이 이야기는 대단히 중요한 사실을 말해 준다. 세계에서 가장 많은 고인돌이 밀집되어 있는 지역이 바로 전남 지방[31]이다. 최몽룡은 전남 영암 근처 나주 반남면에 마한 54개국의 핵심 국가였던 목지국이 있었다고 발표했다.[32]

이 전설이 발견된 영암 지역은 삼한 시대에는 핵심적인 지역이었음을

---

30) 문헌에 의한 기록으로는, "현재 월출산 주위에는 도갑사·천황사, 그리고 당진 쪽에 무위사가 있을 뿐이다. 그러나 문헌에 전해진 寺庵의 이름만 해도 50개소 이상이 확인되고 있으니 월출산에 아흔아홉 암자가 있었다는 俗傳을 가히 믿을 만하다."
全羅南道, 『月出山 바위 文化 調査』, 1988. 197쪽.

31) 대동강 유역 일대에 고인돌 무덤이 14,000여 기가 발견된 것에 비해 전라남도에서만 19,068기의 고인돌이 발견되었음.
최몽룡·김선우, 『한국 지석묘의 연구 이론과 방법』, 주류성, 2000년, 2쪽.
석광준, 『조선의 고인돌 무덤 연구』, 도서출판 중심, 2002년, 19쪽.

32) 최몽룡, 『羅州 地域 古代 文化의 特性—潘南面 古墳群과 目支國』. 최몽룡은 이 논문에서 목지국이 마한의 여러 나라들의 맹주국이며 그 위치를 나주의 반남면이라고 주장했다. 이 반남면은 영암의 월출산과 가깝다.

72

알 수 있다. 단군조선이 마지막 생명력을 불꽃처럼 불태우던 마한의 중심 장소에서 단군께서 전해 주신 천부경의 기본 원리가 발견되는 것은 어쩌면 당연하다.

이 전설은 2009년 12월, 나의 연구실에서 진행되던 천부경 강의에서 몽골과 부리아트 족의 신화를 설명하던 중에 밝혀졌다. 나는 강의 중 이 신화가 천부경의 나라인 우리나라에서도 있을 것이라고 말했다. 이 이야기를 듣고 있던 분들 중에서 최영걸 밝은님이 자신의 고향인 영암에 그와 동일한 전설이 있다고 말해 줌으로써 처음으로 밝혀진 것이다.

영암이 고향인 사람들에게 이 이야기는 어렸을 때부터 익히 들어서 알고 있는 평범한 고향의 전설이었지만 나에게는 조금도 평범한 것이 아니었다. 나에게 있어서 이 이야기는 그야말로 엄동설한에 난蘭이 꽃을 피운 것과 같이 반갑고 향기롭고 아름다운 것이었다.

(2) 인천의 전설과 100＝99＋1

이 영암의 이야기는 놀랍게도 역시 현재 인천의 전설에도 전해진다.

태조 이성계는 송도에서 한양으로 천도를 결심하고 무학대사를 시켜 도읍지를 물색하게 했다. 무학이 부평에 이르러 둘러보니 한강을 낀 벌판이 드넓었다. 더군다나 예로부터 '골짜기가 100개에 달해야 도읍지로서 탈이 없다'는 설을 따져 보더라도 부평은 도읍지로 손색이 없었다. 무학은 태조에게 아뢰었고, 태조도 흡족해했다. 무학은 어명을 받들어 주안산侏雁山에 있는 주안사에서 산신제까지 지냈다. 태조가 신하들과 함께 부평에 당도해 지

세를 살피고, 골짜기를 세어 보니 그 수는 한 개가 모자라는 아흔아홉 개였다. 한 개가 언덕으로 변해 있었던 것이었다.

이때 무학이 도읍지로 부평을 포기하면서 내뱉은 말이 ‘원통한 지고’였다. 이 말이 곧 ‘원통이 고개’로 됐다는 일설이 있다.[33]

이 전설은 ‘골짜기가 100개에 달해야 도읍지로서 탈이 없다’는 내용에서 이미 중요한 내용을 담고 있다. 그리고 한 골짜기가 부족한 아흔아홉 개라서 서울이 되지 못했다는 것이다.

이 역시 100=99+1의 원리를 나라의 수도에 적용한 사례가 된다. 이는 과거 비류 백제가 웅지를 품고 인천에 자리 잡았지만 끝내 뜻을 이루지 못한 한이 100=99+1의 설화로 전하다가 고려 말 조선 초에 와서 무학의 이야기로 포장된 것임을 미루어 짐작할 수 있다. 이는 무학이 말하는 풍수이론과는 전혀 다른 차원인 한겨레 고유한 정신의 이론 체계가 아니면 나타날 수 없는 내용인 것이다.

인천의 입지 조건은 세계인이 부러워해 마지않는 세계적인 것이다. 유럽과 미국의 시대에서 동북아 시대가 되고 있는 지금 동양 삼국인 한·

---

33) 인천광역시, 『옛날 옛적에 인천은』, 인천광역시 역사자료관 역사문화연구실, 2004년 319쪽.
이성계는 새 도읍지를 정하려고 무학대사를 시켜 적당한 장소를 찾게 하였다. 무학대사는 한양을 거쳐 부평에 왔다. “이곳은 들이 넓고 비옷하여 새 나라의 수도로 삼을 만하군.” 무학대사는 중얼거렸다. 그러나 그는 곧 탄식했다. “아 참으로 아깝군. 풍수의 이론으로 보면 이곳에 백 개의 고개가 있어야 하는데 아무리 세어 보아도 아흔아홉 개밖에 없지 않은가.” 그의 말에 따라 그때부터 아흔아홉 번째 고대라는 이름이 붙었는데 이것이 안하지로 바뀌었다. 위에서 말한 원통현도 이 전설과 연관하여 다른 뜻이 있다. 무학대사는 탄식했다. “아, 고개가 아흔아홉 개밖에 없으니 원통하다.” 그래서 이때부터 원통현이라는 이름이 붙었다는 것이다. 인천광역시 하천 살리기 추진단. 온 가족이 함께 읽는 인천의 하천 이야기⑤—원통이 고개의 비애 http://www.icriver.or.kr.

74

중·일의 중심 위치에 자리 잡은 인천의 입지는 더욱더 세계인의 부러움을 사고 있는 것이다.

즉 인천은 세계의 중심이 될 동북아에서 중국의 상해와 일본의 동경을 단연 압도하는 월등한 지리적 조건을 갖추고 그 중심인 인천에 세계적인 인천공항과 인천항을, 그리고 경제 자유 구역들을 가지고 있다. 동북아가 세계의 중심이 되는 시대에 그 핵심지역이 될 인천시와 그 주변 경기만 일대의 지역은 천혜의 복지福地라고 할 수 있는 것이다.

역사는 돌고 도는 것이라 했던가? 과거 단군왕검께서 대륙의 넓은 땅을 다스렸음에도 인천의 강화도에 삼랑성과 참성단을 쌓았던 이유와 오늘날 인천이 중요시되는 이유가 다르지 않는 것이다.

인천과 영암에 전해지는 전설은 모두 100=99+1에서 1이 모자라 전체 100이 되지 못함으로서 서울이 되는 행운을 차지하지 못했다는 전설이다.

(3) 제주도의 전설과 100=99+1

제주시 서남쪽 한라산 중턱에 있는 '아흔아홉골'은 크고 작은 골짜기가 아흔아홉 개나 된다고 하여 붙여진 이름이다. 영실의 오백 나한과 더불어 한라산의 절경으로 유명한 곳이다. 제주시 공원 남쪽 수림 지대에 주로 집중된 이 골짜기들은 한라산 북서 사면의 고지대나 어승생악 동쪽에서 발원한다. 아흔아홉골이라는 명칭의 유래에 얽힌 전설이 있는데, 이에 따르면, "아주 먼 옛날에 한라산에는 100개의 골짜기가 있었는데, 이곳에서 사자와 호랑이 등 맹수들이 백성들을 괴롭히자, 중국의 한 스님이 그 맹수들을 한군데에 몰아넣고 골짜기 하나를 없앴다. 그 후로 제주도에는 맹수가 없어지고 큰 인물도 나지 않는다."고 한다. 이로 인해 아흔아홉골로 불리었고, 한자로는 '구구곡'으로 표기하기도 한다.34)

이 전설은 100개의 봉우리와 골짜기가 있어야 왕과 큰 인물이 나는데 중국의 승려가 그 한 봉우리와 골짜기를 없애는 바람에 더 이상 99개의 봉우리와 골짜기로는 제구실을 할 수 없어 제주도에서는 왕과 큰 인물이 나지 않는다는 것이다.

이 전설은 복음서에서 한 마리의 양이 없으면 나머지 아흔아홉 마리의 양이 제구실을 못한다는 내용과 한 명의 죄인이 회개하면 나머지 아흔아홉 명의 의인이 기뻐한다는 의미와 서로 정확하게 수식이 같고 그 의미가 서로 통하고 있다.

(4) 아흔아홉 상쇠 방울

우리나라 무당들에게 방울은 대단히 중요한 위치를 차지한다. 그 중에서도 가장 중요하게 다루어지는 방울은 방울이 99개 달려 있는 아흔아홉 상쇠 방울이다.

놀랍게도 우리나라 무당들에게 100=99+1의 개념이 그들이 사용하는 물건인 신기神器에 적용되어 전해지고 있다.

"아흔아홉 상쇠 방울은 무당이 제일 중요하게 여기는 무구이다. 거의 모든 굿거리에서 사용되는 것이다…… 방울이 99개가 달려있으므로 '아

---

34) 제주문화예술재단, 『제주 문화 상징』, 하나출판, 2008년, 154쪽.

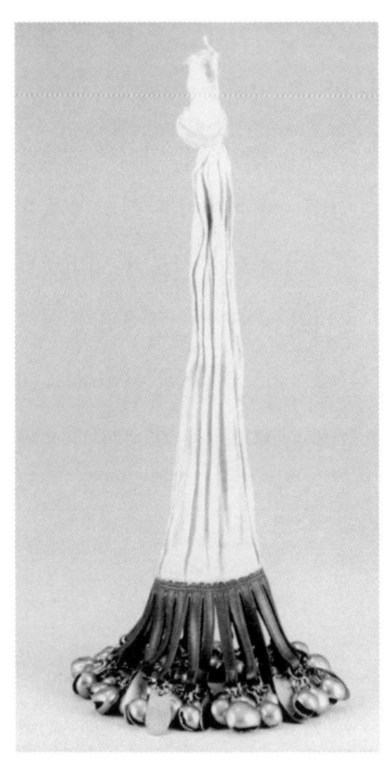

그림 아흔아홉 상쇠 방울 (국립민속
박물관 자료)

흔아홉 상쇠 방울'이라고 한다
."[35]

　"아흔아홉 상쇠 방울은 주로
황해도굿 큰무당이 사용한
다…… 아흔아홉 상쇠 방울의
일반적인 형태는 가죽 끈에 방
울이 달려 있고, 수명을 상징하
는 명(壽)쇠, 복을 상징하는 복
(福)쇠, 무당의 말문을 열어주는
명두쇠와 왕방울처럼 생긴 왕쇠
가 섞여 있으며 길쇠가 10개 내
외로 달려 있다. 간쇠는 타원형
으로 생긴 평면의 쇠붙이인데
이것은 신과 연결하는 통로, 즉
길을 여는 구실을 하는 방울의
일종이다. 아흔아홉 상쇠 방울은 금속으로 만들어진 여러 개의 부착물들
이 동시에 부딪치면서 소리를 내기 때문에 굳이 일반적인 방울의 형태를
갖지 않는다 하더라도 묶음에 속해 있는 쇠붙이는 방울로 인정할 수 있
다.[36]"

　이 아흔아홉 상쇠 방울이 의미하는 바는 실로 중요하다. 이 방울을 사
용하는 자는 그 대상이 개인이든 사회이든 1이 결핍되어 전체가 99인 위

---

35) 국립민속박물관, 『큰무당 우옥주유품』, 1995년, 92쪽.
36) 국립민속박물관, 『한국민속신앙사전』, 김창일, (주)디자인인트로, 2009년, 622쪽.

기상태가 된 상황에서 그 결핍된 1을 온전하게 하여 전체인 100을 이루어 생명의 과정을 진행하려는 행동임을 알 수 있다.

고대의 정보는 우리가 상상할 수 없을 정도로 동서양의 시간과 공간을 무시하며 놀랍도록 광범위하게 공유되고 있다. 이 아흔아홉 상쇠 방울은 뒤에 설명하는 몽골과 부리아트 족 등 알타이어족의 신화가 의미하는 100=99+1의 내용을 물건으로 정확하게 표현하고 있다는 점에서 놀라움을 준다. 그리고 우리나라의 여러 곳에서 발견되는 전설이 의미하는 내용과도 정확하게 일치한다. 그리고 무엇보다도 천부경의 원리를 구체적인 물건으로 설명한다는 점에서 의미가 있다.

(5) 지리산 백무동百巫洞

지리산은 오래 전부터 마고麻姑로 일컬어지는 성모 신앙聖母信仰이 전해지는 곳이다. 마고麻姑의 마麻는 삼을 말하는 것이며 고姑는 노고老姑로써 할머니를 말하는 것일 때 이는 삼신할머니를 말한다고 할 수 있다. 이른바 모계사회의 흔적을 잘 말해준다. 이 마고로 상징되는 성모는 팔도 무당의 시조로 탈바꿈한다. 이곳에서 전해지는 구전은 100=99+1의 개념이 우리나라 전체 무당의 근원을 이루는 숫자로 설명된다.

"어느 날 용유담에서 바둑을 두던 마적도사는 비가 오지 않는데 용유담의 물이 붉은 색을 띠며 불어나자 물길을 따라 거슬러 올라가 보니 천왕봉에서 천태산 마고할미가 소피를 보고 있더라는 것이다. 한번 눈 소변이 이같이 엄청나게 물이 불어날 정도라면 배필이 될 만하다 하여 같이 살며 아흔아홉

명의 딸을 낳게 된다. 물론 딸은 전부 조선 팔도에 보내 무당이 되게 했는데 백무동은 지금 흰 백白, 군셀 무武자로 변했지만 예전에는 백 명의 무당이 있다 해서 백무동百巫洞이라했다. 마고할미와 할미가 낳은 딸 아흔아홉을 합하면 백 명이 된다."[37]

(7) 기타 자료와 100＝99＋1

일반 백성들이 집을 지을 때 99칸을 넘지 못하게 한 것도 같은 이치일 것이다. 왕만이 불완전한 99칸을 넘을 수 있다는 말이 되는 것이다. (이 내용도 강의 중 자연스러운 대화에서 나온 말이다.)

---

37) 김대성·윤열수, 『한국의 性石』, 푸른숲, 1997년, 180쪽.

8. 하나님 나라의 기본 설계 원리와 몽골·부리아트 족의 신화

이 신화는 내가 천부경天符經을 해설하면서 100=99+1의 원리를 처음
으로 설명할 때 밝힌 자료들 중 하나이다.

> 99위의 텡그리[天神]가 군림하고 있는데 100위에서 1이 모자랐다. 혹한의 북
> 쪽 세겔 세브지크 천天에 그곳을 다스리는 텡그리를 두지 않았기 때문에
> 100위가 되지 못하였다. 그것이 실수였다. 북쪽의 잊힌 하늘을 점령하려고
> 칸 튀르마스 텡그리와 아타이 우란 텡그리의 양자 사이에 쟁탈전이 벌어졌
> 던 것이다. 쌍방이 각각 세실 세브지크 천에 접근해 있었기 때문에 서로 자
> 기 지역이라고 주장했다. 할 수 없이 그들은 전쟁을 하여 승리를 거둔 자에
> 게 소유권을 양도하기로 계약했다.38)

이 몽골 족의 신화는 내가 가장 먼저 소개한 100=99+1의 원리를 담고
있다. 이 신화는 신들의 세계를 그리고 있다. 전체 신의 숫자가 100인데
그중 1위의 신이 모자라 하늘에서 전쟁이 일어났다는 신화이다. 이 역시
전체 100이 모두 하나의 전체가 되어야 전체로서 신들의 기능이 발휘되
는데 1위가 모자라 그 기능을 발휘하지 못하고 대혼란이 일어났다는 내
용을 담고 있다. 몽골족이 천부경적 사고의 틀을 사용하고 있는 것이다.

이제 100=99+1이 설명하는 철학적 원리를 정의해 보자. 이 수식은 기

---

38) 장기근, 『중국 신화』, 대종출판사, 1975년, 237쪽.

존의 철학과 신학에서 설명하는 수직적인 체계를 완전히 뒤집어 생각한
것이다. 즉 서양의 플라톤과 아리스토텔레스, 그리고 동양의 역경의 계
사전에서 말하는 천존지비天尊地卑와 주희의 태극론은 모두 꼭대기에 1을
설정하여 절대자로 두고 층층이 아래로 내려가는 계층 이론이다.

그러나 천부경의 기본 원리인 100=99+1는 오히려 전체 100에서 가장
낮은 자리의 1이 없다면 나머지 99가 의미를 잃고 혼란에 빠진다. 이 논
리는 기존의 수직적인 체계와는 전혀 상반된 논리를 담고 있다.

이는 지난 3,000년간 동서양의 철학을 지배했던 기존의 수직 이론, 나
아가 계층 이론을 완전히 수평 이론으로 뒤집는 결정적이고 혁명적인 내
용을 담고 있다. 이 내용이 곧 뒤에 설명할 100이 의미하는 '온'이 가진
진정한 의미이다. 전체인 '온'이 의미하는 100을 이루기 위해서는 그 구
성원 하나하나가 모두 중요하다는 사실을 말한다.

천부경과 삼일신고와 366사는 이 논리를 가장 기초로 하여 이루어진
것이다. 그리고 이 이론이 단군 이래 수천 년간 우리 한겨레의 마음과
관습에 각인되어 우리나라의 여러 곳에서 전해지는 전설로 변해 전해지
는 것임을 알 수 있다. 그리고 이것이 곧 복음서의 '잃어버린 한 마리의
양이 의미하는 것으로 단군과 예수가 만나 대화를 나누고 있는 것이다.

9. '온=100'

이제 우리는 기독교 성경의 4대 복음서에서 100=99+1이 보여 주는 100의 역할에 대해 살펴보자. 이 100에 담긴 모든 진리는 우리 한국어 '온'이라는 단어 하나에 모두 함축되어 있다. 이는 실로 놀라운 사실인 것이다.

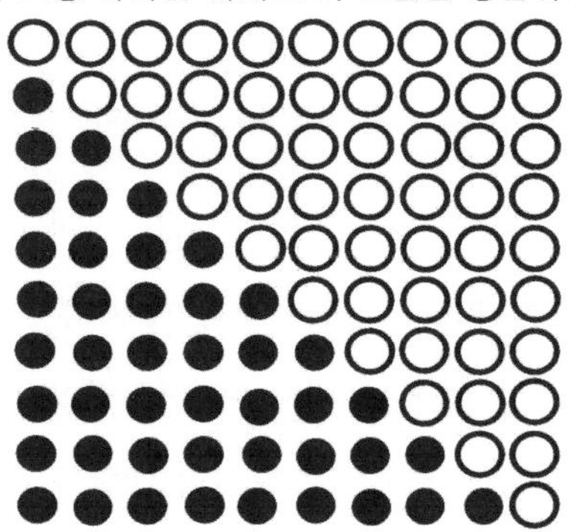

천부도 天符圖

12세기 고려 시대의 계림유사鷄林類事에는 '백왈온百曰醞'39)이라는 기록이 있다. 다시 말해 '100=온'이라는 말에서 우리는 고려 시대만 해도 100이라는 숫자를 '온'이라고 불렀다는 것을 알 수 있다.

---

39) 孫穆, 『鷄林類事』(강신항, 『계림유사 고려 방언 연구』, 성균관대학교 출판부, 1991년, 41쪽).

우리말 온에 대한 내용은 월인석보月印釋譜40)와 용비어천가龍飛御天歌41)에서도 분명히 확인된다. 순수한 우리 말 '온'이라는 단 한 글자의 말에서 지금까지 설명한 모든 내용이 함축된 것이다.

이 온=100을 잘 나타내는 그림이 옆의 천부도天符圖이다. 이 그림은 천부경과 삼일신고와 366사에 공통적으로 내장된 생명의 과정을 설명하는 데 있어서 결정적인 역할을 한다. 이 그림 천부도 한 장으로 한철학과 한신학의 모든 내용이 수식과 도형으로 설명이 되는 것이다. 이 천부경을 설명하는 천부도 그림이야말로 그 자체로 모든 우주암호의 바탕이 되는 가장 근본적인 우주암호이다.

그리고 '온'이 의미하는 바는 백성과 백신에서 잘 나타난다. 즉 100개의 성씨가 모여 하나의 나라를 이루었다는 말로 백성百姓이 있다. 하나의 나라를 이루는 일에 백 개의 성씨 중 하나라도 모자라 99성이 된다면 그것으로는 하나의 나라를 이루지 못한다는 말이 백성百姓이라는 말에 함축되어 있는 것이다.

백신百神은 하나님 나라의 구성원이 모두 100위位라는 사실을 말하며 이중 1위位만 빠져도 하나님 나라가 이루어지지 않는다는 내용을 말한다. 이 내용은 몽골 족의 신화에 그대로 나타나 있다. 그리고 복음서에서는 하늘에서 회개할 것 없는 의인 아흔아홉과 죄인 1명으로 비유되어있다.

즉 이 100개의 성씨에는 인간이 보여 줄 수 있는 모든 개체의 독자성

---

40) "오는 다섯이요 백은 온이라."라는 내용으로 쓰인 五옹는다ᄉᆞ시오百빅온오니라. 강규선, 『월인석보 주해』, 보고사, 1998년, 120쪽.

41) 52장에, "청請으로 온 예와 싸우샤 투구 아니 벗기시면 나라 소민을 살리시리잇가."라는 내용에서 '온 예'는 '모든 왜倭를 말하는 것이다. 즉 온은 전체라고 설명하는 것이다.

이 모두 통합되어 다양성을 이루고 있는 것이다. 그 다양성 중에서 하나가 빠진 99로는 무의미하다는 것이 우리가 아는 백성百姓의 진정한 의미이다.

하나의 나라가 이루어지기 위해서는 모든 요소가 모여야 하는데 그중 하나의 요소만 모자라도 나라를 이루지 못한다는 개념을 바로 100=99+1이 함축하고 있는 것이다.

'잃어버린 한 마리의 양'의 이야기는 이 모든 개념과 하나로 연결되고 있음을 알 수 있다. 전혀 새로운 관점과 그에 따른 이와 같은 성과는 복음서의 내용을 종교적인 관점이 아니라 신학적인 관점을 볼 때 얻어지는 것이다. 우리는 이 책을 통해 내내 이와 같은 경험을 하게 될 것이다.

10. 좁은 문과 위기상태

> 좁은 문으로 들어가라. 멸망으로 인도하는 문은 크고 그 길이 넓어 그리로 들어가는 자가 많고, 생명으로 인도하는 문은 좁고 길이 협착하여 찾는 자가 적음이라.(마 7:13~14)

복음서에서 말하는 썩어질 씨앗과 죽은 자는 영원한 삶에서 벗어나 영원한 죽음에 이르는 길로 들어서기 시작하는 위기상태危機狀態다.

따라서 이 영원한 생명의 과정에서 벗어나 위기상태로 떨어졌다는 것은 영원한 생명을 얻지 못하는 상태가 된 것이다. 또한 하나님 나라로 들어가는 길을 잃은 상태이다. 즉 100=99+1 이 상징하는 내용이다.

이 위기상태를 벗어나 썩지 않을 씨앗과 살은 자가 되어 거듭남으로써 영원한 생명의 과정을 진행하기 위한 길은 '좁은 문'으로 상징된다.

말씀은 썩어질 씨앗과 죽은 자로 가기 위한 멸망의 길은 크고 넓지만, 거듭남으로써 영원히 사는 생명의 길로 인도하는 문은 좁다고 한다. 그리고 그 좁은 문을 찾는 자도 적다고 한다.

복음서는 이같이 썩어질 씨앗과 죽은 자가 되는 위기상태를 극복하는 일을 '좁은 문'으로 비유하고 있다.

(1) 좁은 문

예수께서 이르시되 여우도 굴이 있고 공중의 새도 거처가 있으되 인자는 머
리 둘 곳이 없다 하시더라(마 8:20, 눅 9:58).

참다운 생명의 진리는 동서고금을 통해 어느 시대이든 그 어디에도 받
아들여지는 곳이 없었다. 따라서 생명을 살리는 진리를 알려 주어 영원
한 삶을 주려고 해도 그 말을 알아듣는 사람이 한 사람도 없는 것이다.
그러한즉 그 생명의 진리를 전하려는 사람은 머리를 둘 곳조차 없다고
한 것이다.

그리고 이 생명의 진리를 자신만 모르면 그만이지 남까지 모르게 만들
어 위기상태에 빠지게 만드는 사람들이 있는 것이다. 예수는 마침내 하
나님의 나라로 가는 문을 가로막아 자신은 물론 남도 들어가지 못하게
하는 사람들을 꾸짖는다. 그들은 한 사람의 제자를 얻으면 그를 자신보
다 배나 더 지독한 지옥의 자식이 되게 하는 사람들이기 때문이다. 바로
이것이 위기상태이다.

화 있을진저. 외식하는 서기관들과 바리새인들이여! 너희는 천국 문을 사람
들 앞에서 닫고 너희도 들어가지 않고 들어가려 하는 자도 들어가지 못하게
하는도다. 화 있을진저. 외식하는 서기관들과 바리새인들이여! 너희는 교인
한 사람을 얻기 위하여 바다와 육지를 두루 다니다가 생기면 너희보다 배나
더 지옥 자식이 되게 하는도다(마 23:13~15).

이 말씀은 살아서 숨쉬는 하나님나라의 생명의 진리보다 화석처럼 굳어진 고정관념에 사로잡힌 사람들과 진리를 추구하기보다는 남에게 보이기 위해 위선적인 말이나 행동을 겉치레로 꾸미는 사람들을 꾸짖고 있다.

이 같은 사람들은 양극단을 통합하기는커녕 통합된 전체까지도 둘로 찢어 분열과 파괴를 일으키게 하는 것이다.

참다운 진리는 있는 힘을 다해 적극적으로 찾아 나서야 한다. 그 진리를 찾는 과정도 또한 생명의 과정처럼 역동적이어야지 이원론 식으로 선악을 자기 편리한 대로 설정해서는 오히려 길을 잃을 것이다.

구하라! 그리하면 너희에게 주실 것이요. 찾으라! 그리하면 찾아낼 것이요. 문을 두드리라! 그리하면 너희에게 열릴 것이니. 구하는 이마다 받을 것이요, 찾는 이는 찾아낼 것이요, 두드리는 이에게는 열릴 것이니라(마 7:7~8).

복음서는 진리를 적극적으로 찾을 것이며 또한 진리의 문을 두드리라고 요구한다.

11. 위기상태危機狀態

복음서의 말씀을 예로 들어 위기상태를 설명하자면 이른바 썩어질 씨앗 또는 죽은 자와 같은 상태가 곧 위기상태이다. 즉 복음서에서 설명하는 위기상태는 하나님 나라의 영원한 생명을 얻기 위한 생명의 과정에서 벗어나는 상태를 말한다. 이 위기상태는 양극단의 통합이 분리되며 위태로워지는 상태이다.

가령 모든 살아 있는 인간은 양극단인 몸과 마음이 통합되어 있다. 그러나 이 몸과 마음의 통합이 분리되는 과정에서 그 사람은 죽어 가는 상황이 되거나 아니면 제대로 된 인간으로서의 삶을 누리기가 불가능하다.

뿐만 아니라 전체를 상징하는 100에서 1만 모자라도 이는 곧 위기상태가 되는 것이다.

그런데 지난 3,000년간 동서고금의 신학자들이 만들어 낸 신론神論은 모두 몸과 마음의 통합을 이루어 내지 못한다. 전체 100에서 1만 모자라 위기상태가 되는 것이 아니라, 전체의 반이 나머지 반을 부정하고 박멸하는 자살적 이원론이 만들어 내는 치명적인 위기상태가 주류를 이룬 것이다. 결국 지금까지 인류는 정상적인 인간의 삶을 누리는 신론을 일반화하지 못했다는 말이 된다. 정상적인 인간의 삶을 보장하지 못하는 신론이 어떻게 하나님의 올바른 진리를 보장하겠는가?

(1) 현 인류가 가지고 있는 네 가지 사고의 틀

마음이 몸을 따르거나, 몸이 마음을 따르거나, 양자 간에 신비한 일치를 가정하거나, 양자를 모두 파괴하는 것이 현 인류가 가진 네 가지 사고의 틀을 상징하는 것이다.

이 네 가지 상태는 모두 몸과 마음을 하나로 통합하지 못한다. 따라서 생명체 특히 인간이 현실적 삶을 영위하면서 이 네 가지 상태에 존재한다는 것은 위기상태라고 할 수 있다.

복음서의 말씀은 세례 요한을 비유하여 이 사고의 틀을 설명한다. 즉,

> 내가 진실로 너희에게 말하노니 여자가 낳은 자 중에 세례 요한보다 큰 이가 일어남이 없도다. 그러나 천국에서는 극히 작은 자라도 그보다 크니라(마 11:11).

복음서의 말씀은 세례 요한이 이 세상에서 가장 큰 자이지만 하나님 나라에서는 아무리 작은 자라도 세례 요한보다 크다고 했다. 하나님 나라는 생명의 과정의 진리를 담고 있다. 그러나 이 세상은 생명의 과정에 도달하지 못하는 한계에 갇혀 있다. 그러한 즉 하나님 나라에서 아무리 작은 자라도 이 세상에 가장 큰 자보다 더 큰 것이다.

이 세상에서 아무리 뛰어난 철학자와 신학자라 해도 그들은 기존의 철학과 신학의 사고思考의 틀 안에서만 사고할 뿐이다. 따라서 그들은 이 세상에서는 가장 큰 자일지 모르지만 하나님 나라의 생명의 과정원리로 볼 때는 이 원리를 이해하고 활용할 수 있는 가장 어리석고 작은 자보다

도 못한 것이다.

(2) 예수와 위기상태

예수는 현존하는 동서양의 모든 사고의 틀을 모두 넘어서 있다. 다시 말해 예수는 위기상태를 완전히 극복하고 있다.

이렇게 보면 그동안 사람들은 예수의 허상을 가지고 단군을 부정하고 모욕했으며 또한 단군으로 상징하는 민족 정신을 따르는 사람들도 예수의 허상을 본 것이 된다.

(3) 단군檀君과 위기상태

그렇다면 단군은 어떠한가? 단군도 예수와 동일한 처지에 놓여 있다. 사람들이 일반적으로 알고 있는 단군의 진리는 유불선의 논리 등을 단군의 진리로 오해하고 있는 경우가 대다수이다.

단군의 진리는 기존의 네 가지 사고의 틀을 완전히 극복하여 양극단의 통합을 이루고 생명의 과정을 완성한다. 단군의 진리는 기존의 동서양 철학자들과 전혀 다른 차원의 철학과 신학을 담고 있는 것이다.

(4) 위기상태의 본질

남/북, 동/서, 좌/우, 진보/보수, 노/사, 남/녀 의 대립을 자세히 살펴보면 이 문제는 단순한 대립과 갈등의 문제가 아니라 인간이 본능 깊은 곳에 숨기고 있는 원시적인 감정의 문제가 아닌가 하는 생각이 든다.

자살적인 이원론적 감정! 즉 자신의 신념이 무엇이든 자기가 속한 집단을 우월하다고 절대화하고 반면에 타인의 집단에 대해 추악한 시기심과 함께 나약한 공포심으로 대하는 그 원시적 감정은 의외로 우리의 마음속에 큰 영향력을 가지고 있다.

그러나 이 모든 양극단 중 한 당사자가 설혹 상대편에게 상처를 입히고 더 나아가 그 대상을 악으로 만드는 일에 성공했다 하자. 그렇다고 해서 자신이 선이 되는 일에 성공한 것일까?

오히려 그렇게 대립하는 상대방을 악으로 몰아세우며 괴롭히는 일이야말로 그때까지 없었던 악을 새롭게 만들어 낸 새로운 악이지 않을까?

그리고 무엇보다 중요한 것은 그렇게 해서 상대를 악으로 몰아세워 박멸했다고 했을 때 그는 그 싸움에서는 이겼는지 모르지만 전체적으로 보면 생명력이 치명적으로 타격을 받은 것이다.

또한 우리는 동서고금의 역사를 통해 대립하는 상대편을 어떻하든 악으로 몰아세우는 사람들이야말로 새로운 악인 경우를 너무도 흔히 본다.

아무리 극악무도한 사람이라도 적을 설정하여 그 적을 악을 만드는 일은 너무도 쉽고 간단하게 할 수 있기 때문이다. 그럼으로써 아무리 흉악무도한 사람도 그에 의해 만들어진 악 덕분에 사람들 앞에서 선으로 행세하며 인정받을 수 있다. 동서고금의 역사를 통해 얼마나 많은 극악무도한 악인들이 이 단순한 방법으로 세상을 속이며 선으로 위장했던가?

이 방법은 반드시 하나로 통합하여 생명의 과정을 진행해야 할 자신의 반쪽을 부정하고 박멸함으로써 결국은 전체를 자살로 몰고 가게 된다. 이 자멸적인 이원론을 사용하는 사람들은 어떤 종교나 정치적 명분도 거리낌 없이 악용할 수 있다는 점에서 종교나 정치는 늘 무방비상태이다.

이러한 방식은 어떤 경우에도 우리 한겨레가 전 역사를 통해 보여 준 신성神聖한 통합의 방식과는 정반대가 되는 야수적野獸的인 것이다. 통합으로 생명의 과정을 진행함이 곧 문명인이며 이원론으로 자살적인 양극화의 길을 가는 것이 곧 야만인인 것이다. 이 이원론이 정당화되는 경우는 전쟁 상태와 같은 극단적인 경우에 한해서이다. 그러나 전쟁도 양극단을 통합을 할 수 있는 집단과 그렇지 못하고 서로 분리되어 힘을 소모시키는 집단이 싸울 때 누가 이길 것인가는 명약관화하다. 따라서 최악의 경우인 전쟁조차도 긍정성으로 통합할 수 있는 문명인이 부정성과 분리밖에 할 줄 모르는 야만인을 이기는 것이다.

이원론은 자신의 이익과 편리를 위해 상대방의 이익과 편리를 희생시키는 현상으로도 나타난다. 그러나 이원론은 진정으로 자신을 위한 장기적이고도 확실한 이익과 편리가 대립하는 상대방과의 통합을 통해서만이 얻을 수 있음을 절대로 설명할 수 없다. 따라서 이원론은 인간을 근시적이며 나아가 눈 뜬 장님을 만드는 것이다.

우리 한겨레의 방식은 도저히 하나가 되지 못할 상대방과 하나로 통합하는 것이다. 이는 원시적 감정에 기초한 이원론적 감정과는 완전히 반대편에 서 있는 최고 문명인으로서의 위대한 통찰력이다. 이 양극단의 통합이야말로 누구에게나 옳은 방법론이다. 그리고 양극단의 통합이 불가능하다면 생명의 진리는 현실에서 이루어질 수 없는 것이다.

우리 한겨레는 역사의 고비마다 이 위대한 통찰력으로 문제를 해결하여 도저히 하나가 될 수 없는 양극단을 하나로 통합을 이루어 내는 특별한 능력이 있다. 그 통찰력은 대체로 고구려와 백제, 그리고 발해의 멸망

이후 우리의 고유한 정신이 사라진 다음 지식인들이나 지배 계층보다는 일반 대중들에게서 나타난다.

우리 한겨레의 대중은 아무리 극단적으로 대립하는 적대적인 사이라도 그 양극단을 소통하고 이해하여 크게 하나가 되고자 하는 특유한 열정으로 우리의 역사를 주도해 왔다.

우리 한겨레의 장대한 역사를 통해 우리 한겨레 공동체 안에서 하나가 되지 못한 정신은 아직 없었다.

우리 한겨레가 세계적인 지도력을 발휘하여 진정한 한겨레의 능력을 회복한다면 그것은 오로지 우리 사회 안의 이 모든 양극단을 하나로 통합하고 통일할 수 있을 때에 한해서일 것이다.

최고 문명인으로서의 한겨레의 위대한 힘은 다름 아닌 통합에서 출발하기 때문이다. 그리고 이 통합이야말로 인간 안에 잠자고 있는 신성神性을 일깨워 주며 극대화하여 소중한 생명의 과정을 진행하게 하는 문명인의 특징인 것이다.

제3장

뱀과 비둘기―100＝45＋55

뱀과 비둘기—100＝45＋55

보라! 내가 너희를 보냄이 양을 이리 가운데로 보냄과 같도다. 그러므로 너희는 뱀같이 지혜롭고 비둘기같이 순결하라(마 10:16).

20세기 최대의 신학자 불트만은 이 말씀이 전승하는 교훈에 삽입된 속담[42]이 아닌가라고 추측하고 있다. 그러나 이 복음 안에 포함되어 있는 내용은 불트만이 생각한 것처럼 단순한 것이 아니다.

이 말씀은 양극단인 뱀과 비둘기를 하나의 전체 테두리 안에 하나로 아우르고 있다.

여기서 뱀은 무서운 약육강식이 진행되는 땅의 영역을 상징하며, 비둘기는 평화로운 하늘의 영역을 상징한다. 이 복음 안에는 땅과 하늘이라는 대표적인 양극단이 하나로 통합된 천지 통합天地統合을 이루고 있다. 양극단을 통합하는 예를 한 가지 더 들어 보자.

---

42) 루돌프 불트만, 『공관복음 전승사』, 허혁 역, 대한기독교서회, 1971년, 127쪽.

이르시되 어찌하여 나를 시험하느냐? 데나리온 하나를 가져다가 내게 보이라 하시니, 가져왔거늘 예수께서 이르시되 이 형상과 이 글이 누구의 것이냐 이르되 가이사의 것이니이다. 이에 예수께서 이르시되 가이사의 것은 가이사에게, 하나님의 것은 하나님께 바치라 하시니 그들이 예수께 대하여 매우 놀랍게 여기더라(막 12:15~17).

여기서 가이사(Caesar)의 것은 이 세상을 지배하는 권력을 가진 땅 위의 나라의 것이며, 하나님의 것은 하늘을 지배하는 권력을 가진 하늘의 나라의 것이다.

예수는 땅의 나라와 하늘의 나라에 모두 충실하라고 말하고 있다. 여기서도 양극단인 하늘과 땅이 그 독자성을 유지한 채 하나로 통합된 천지 통합天地統合을 이루고 있다. 그러나 지난 3,000년간 동서고금을 통해 이처럼 하늘과 땅의 영역을 하나로 통합하는 철학과 신학은 없었다.

바로 이 말씀 안에 보다 정교한 하나님 나라의 설계 원리가 숨어 있는 것이다. 그 원리가 곧 100=45+55로서 이를 혼돈상태混沌狀態라고 한다. 이 혼돈상태가 곧 창조의 원리이다.

이 100=45+55는 대단히 중요한 또 하나의 우주암호인 것이다. 이 우주암호는 지난 3,000년간 동서양 철학을 지배해 온 수직적인 철학이론을 단숨에 수평적인 이론 체계로 혁신한다. 그리고 역시 지난 3,000년간 동서양의 철학과 신학을 지배해 온 양극단을 분리하는 이원론과 양극단을 대립시키는 이율배반론을 단숨에 양극단을 통합하는 이기통합론理氣統合論으로 혁신하는 혁명적인 이론 체계를 담고 있다.

혼돈상태를 설명하는 복음서의 말씀인 뱀과 비둘기, 가이사의 것과 하

고구려 무사의 공격과 후퇴의 통합

이 무용총 벽화의 고구려 무사는
유럽을 떨게 한 훈족 무사들의 활쏘기를
보여 주고 있다.

즉 말을 타고 몸은 앞으로 달리지만
머리와 시선은 뒤로 돌려
사냥을 하고 있다.

바로 이것이 소수의 기병이 기습을 하고
한편으로는 빠르게 도망을 하면서
한편으로는 쫓아오는 적군들에게
정확한 활쏘기로 치명적인 화살을
날리는 방법론이다.

즉 이 그림은 양극단인 후퇴와 공격이 하나로 통합되어있다.

즉 100=공격으로 적을 죽임 45+후퇴로써 나를 살림 55=45+55
=상극 45+상생 55가 된다.

나님의 것의 비유는 플라톤과 아리스토텔레스와 칸트를 비롯한 동서고금의 철학자와 신학자의 이론 체계를 넘어선 놀라운 것이다.

이 뱀과 비둘기의 통합과 가이사의 것과 하나님의 것의 통합은 위의 고구려 무용총의 기마 무사에게서 잘 표현되고 있다.

이 고구려 무사들이 이 뒤돌아 쏘기(Parthian shot)[43]로 중국인들을 매우 혼내주었듯이 우리와 같은 알타이어족인 몽골 족과 투르크 족은 이 방법으로 서방을 혼란에 빠뜨렸다. 이 방법이 바로 후퇴와 공격이라는 양극단이 하나로 통합된 철학이 바탕을 이룬 방법인 것이다.

빠르게 기습하고 빠르게 후퇴함으로써 필요한 만큼 공격하고 후퇴하여 생명을 건짐과 동시에 머리와 몸과 시선을 뒤로 돌려 쫓아오는 적

---

43) 파르티아족Parthian은 ..기마전투와 활쏘기에 능했으며 이들이 잘 사용했던 활쏘기 기술이 바로 파르티안 샷(Parthian shot)으로 알려진 말을 타고 달리며 뒤로 돌아 쏘는 기술이다.

유흥태, 『고대페르시아의 역사』, 살림출판사, 2008년, 51쪽

에게 화살을 날림으로써 후퇴와 공격이 동시에 이루어지는 방법론인 것이다. 이는 생명의 과정 철학의 특징인 역동성과 속도가 실제에서 소수로 다수를 제압하는 방법론으로 나타난 것이다.

유럽인들이나 중국인들은 단순하게도 공격이면 공격, 후퇴면 후퇴가 있을 뿐 이 같은 공격과 후퇴의 쌍방향적이며 통합적 방법론을 사용할 사고의 틀이 없는 것이다.

하지만 놀랍게도 예수에게서 이와 동일한 배경을 가진 통합적인 철학을 담은 복음이 설명되고 있는 것이다.

12. 창조하는 예수와 영육통합론靈肉統合論

혼돈상태는 도저히 하나의 전체를 이루기가 불가능한 양극단이 하나의 전체를 이루며 생명의 과정을 시작하는 상태이다. 그 양극단은 종종 하늘/땅, 그리고 마음/몸, 남/녀 또는 양/음, 이/기 등으로 상징되어 왔다.

혼돈상태가 이 양극단을 통합하는 이론을 한철학에서는 이기통합론理氣統合論이라고 하며, 한신학에서는 영육통합론靈肉統合論이 된다.

창조는 도저히 하나로 통합될 수 없는 양극단이 하나로 통합되어 새로운 생명을 갖게 되는 상태에서 일어난다.

이 하나가 될 수 없는 양극단을 예수는 '뱀과 비둘기', 그리고 '가이사의 것과 하나님의 것'으로 비유함으로써 하나로 통합한 것이다. 여기서 뱀과 가이사는 땅이며 육肉을 상징한다. 그리고 비둘기와 하나님의 것은 하늘과 영靈을 상징한다. 이 양자를 통합하는 것을 영육통합론靈肉統合論이라고 한다.

(1) 혼돈상태混沌狀態와 한겨레의 영육통합론靈肉統合論

미국의 코넬대학의 앨퍼드 교수는 2000년『한국인의 심리에 대한 보고서Korean Values in the Age of Globalization』라는 책을 발간했다. 이 책은 원래 연구 보고서로 만들어진 것을 책으로 발간한 것이다. 그는 이 책의 서문에서 이렇게 말한다.

한국인은 왜 악惡을 믿지 않는가에 못지않게 중요한 것은 그들이 어떻게 악
惡을 믿지 않을까 하는 점이다.……한국인들은 악惡을 단순히 믿지 않는 게
아니라 악惡이 존재할 수 없는 세계를 만들어 냈다.44)

앨퍼드는 그의 보고서에서 한국인의 심성에 대해 이렇게 결론을 내
린다.

지금까지 나는 악이라는 용어가 한국에 존재한다고 말할 수 있는지에 관해
논의했다. 결론은 중요한 측면에서 볼 때(다시 말해 서구 문화의 악이 뜻하는 바에
비추어 볼 때) 한국에는 악의 개념이 존재하지 않는다는 것이다.45)

우리 한국인에게 악이 존재하지 않는다는 말은 우리 한국 사회에는 원
래부터 이원론이 존재하지 않으며, 이원론이 만드는 위기상태가 원래 없
다는 말과 같다. 앨퍼드는 이렇게 말한다.

악은 사람과 생각 사이에 이원론과 대립이 존재함으로써 생겨난다. 한국인
들은 악 대신 사람들 사이의 관계를 만들어 낸다. 이 관계는 워낙 긴밀하게
짜여 있기 때문에 여기는 악이라는 개념들이 존립할 수 있는 이중성이 없
다. 악이 생겨나려면 일종의 분리와 구분이 필요한데, 한국인들은 그것을
너무 두렵게 여기므로 악이 존재하도록 놔둘 수 없는 것이다.46)

---

44) C. 프래드 앨퍼드, 『한국인의 심리에 관한 보고서』, 남경태 역, 그린비, 2000년, 8쪽.
45) 앞의 책, 220쪽.
46) 앞의 책, 220쪽.

이 내용은 참으로 눈을 의심하게 만드는 놀라운 통찰력을 보여 준다. 그는 이원론과 악 그리고 분리와 구분을 하나로 엮어 설명한다. 이 상태는 곧 한신학에서 말하는 양극단이 서로 분리되는 위기상태를 말한다. 이는 유신론적인 경향으로 선이 악을 부정하고 박멸하는 상태이다. 앨퍼드는 한국인은 이 같은 위기상태를 너무나 두려워한다는 것이다.

얼마나 놀라운 관찰력인가? 그리고 한국인은 이와 같은 악, 즉 위기상태 대신에 사람들 사이에 관계를 만들어 낸다는 것이다. 이것이 곧 양극단을 하나의 전체로 통합하는 영육통합론靈肉統合論이 설명하는 혼돈상태인 것이다. 도저히 하나가 될 수 없는 양극적인 사람들도 하나로 통합시키는 이 영육통합론靈肉統合論을 앨퍼드는 워낙 긴밀하게 짜여진 인간관계라고 말했다. 당연한 말이다. 완전히 통합된 긴밀한 인간관계이기 때문이다. 한겨레에게 이원론은 처음부터 극히 낯선 것이었다.

혼돈상태로부터 진행되는 여러 상태들은 모든 양극적인 대립이 통합된 상태이다. 따라서 위기상태에서 볼 수 있는 부정하고 박멸해야 하는 악이라는 대상은 이미 사라지고 없는 것이다.

한신학에 대해 전혀 알지 못하는 앨퍼드이지만 그는 나름대로의 과학적인 방법론과 날카로운 통찰력으로 수백 명의 한국인과 인터뷰를 통해 우리 한국인이 누리는 생명의 과정을 정확히 파악한 것이다. 과연 한국인은 서구인들에게 일상화된 부정하고 박멸해야 할 악은 존재하지 않는 것이다. 그것은 이미 한신학의 영육통합론靈肉統合論에 의해 태고적에 사라진 것이다. 바로 이 영육통합론에서 새로운 질서의 창조가 일어나는 것이다. 한겨레에게 자살적 이원론은 극히 부자연스러운 것이다.

이 영육통합론이 한겨레의 고유한 경전인 천부경과 삼일신고와 366사에 공통적인 원리가 됨으로써 한철학과 한신학의 이론 체계가 되는 것은 당연한 일이 아닐 수 없다.

(2) 혼돈상태混沌狀態와 예수의 영육통합론靈肉統合論

복음서의 예수의 말씀이 설명하는 뱀과 비둘기, 그리고 가이사의 것과 하나님의 것의 비유는 혼돈상태를 정확히 설명한다. 뱀은 땅이며 인간에게는 육肉이다. 비둘기는 하늘이며 인간에게는 영靈이다. 마찬가지로 가이사의 것은 땅이며 인간에게는 육이다. 하나님의 것은 당연히 하늘이며 인간에게는 영이다.

이 비유들은 정확하게 양극단을 통합하는 영육통합론靈肉統合論을 설명하고 있는 것이다. 이 영육통합론에서 생명 과정의 가장 중요한 창조가 일어나는 것이다.

이 영육통합론이 곧 혼돈상태로서 생명의 과정에서 절대 불가결의 상태가 된다. 가능상태라는 하나의 우주에서 질서상태라는 전혀 다른 우주로 옮겨가는 창조의 상태인 것이다.

이 혼돈상태는 자연 상태에서 아주 순간적으로 일어나기 때문에 이를 하나의 상태로 포착하기는 거의 불가능하다. 따라서 동서고금을 통해 이 혼돈상태를 올바르게 이해한 철학자와 신학자는 아직까지 단 한 명도 없는 것이다.

그러나 인간 개인이든 민족이든 국가이든, 그리고 만물 모두에게든, 대우주에서든 그 시작에는 반드시 혼돈상태가 필수 불가결의 상태로 존재한다.

우리 한겨레가 복음서를 읽고 철학과 신학의 도움 없이도 공감할 수 있었던 것은 이미 우리 한겨레는 오랜 세월 동안 이 같은 영육통합론이 기본적인 심성으로 자리 잡았고 또한 생활화되어 있었기 때문일 것이다.

13. 한신학과 수직적 계층 이론, 그리고 수평적 민주 이론

이제 동서양의 철학에서 영육통합론이 어떻게 왜곡되었나를 살펴봄으로써 왜 한신학과 예수의 말씀에 담긴 생명의 진리가 새로운가를 알아보자.

서양 철학의 바탕을 만든 플라톤에게서 실재하는 것은 현상계現象界가 아니라 이데아계이다. 이는 대표적인 이원론이다. 아리스토텔레스도 세계를 계층 이론으로 구분한다. 이 계층 이론은 20세기의 철학에까지 이어진다.

이는 동양 철학의 근원이라는 역경의 주석서 계사전의 시작 문구인 천존지비天尊地卑가 보여 주는 이원론과 동일한 것이다. 또한 태극—양의—사상—팔괘로 이어지는 수직적 계층 이론과 동일한 것이다. 물론 인도의 카스트 제도를 가능하게 하는 계층 이론도 동일한 것이다.

지난 3,000년 동안 동서양이 동일하게 이원론에 기초한 수직적 계층 이론이 동서양의 정신을 지배해 온 것이다. 사실 동양과 서양의 철학이 다르다고 생각한 것은 단지 착시 현상에 불과하다. 가장 근본적인 영역에서 동서양의 철학은 조금도 차이가 없는 것이다.

그러나 단군이 전한 성경聖經인 천부경과 삼일신고와 366사에 공통적으로 내장된 한신학韓神學은 이 이원론적 계층 이론을 완전하게 통합적이고 수평적인 민주 이론으로 혁신한다.

또한 기독교 성경 안의 복음서의 말씀인 뱀과 비둘기, 가이사의 것과 하나님의 것의 비유 역시 이 수직적 계층 이론을 통합적이고 수평적인 민주 이론으로 혁신한다.

(1) 계사전繫辭傳과 이원론二元論

고대 문헌 특히 사상을 설명하는 문헌은 항상 그 첫 문장에 저자가 설명하려는 핵심을 담는다. 동양 최대의 경전인 역경의 대표적인 주석서인 계사전 상하권의 전체 문장은 그 시작 문구인 천존지비天尊地卑에 달려 있다고 해도 무방할 것이다.

이 천존지비天尊地卑는 중국의 주 왕조周王朝(B.C. 1046~256)이래 지난 3,000년간 중국의 정치 사상을 대표하는 핵심적인 사상을 요약한다.

이는 곧 관존민비官尊民卑와 남존여비男尊女卑를 비롯한 남녀와 관과 민을 비롯하여 사회 전체를 계층화시키는 내용으로 발전한다. 이는 곧 전형적인 이원론으로 하늘은 선善하고 땅은 악惡하다는 것이다.

또한 이 내용은 하늘과 지배자인 전제 군주專制君主는 선善하고, 땅과 백성은 악惡하다는 내용이 되어 지배자의 전제적 통치를 도와주는 훌륭한 수단이 되어 줄 수 있다.

이 같은 이원론적인 계층 사상은 서양에서도 동일한 것이 발견된다. 아리스토텔레스는 세계를, "무생물, 식물, 동물, 생명, 정신, 신으로 구분한다."47) 20세기 최대의 철학자인 하르트만은 인간을 계층 이론으로 설명한다. 즉, "인간은 물체적 존재요, 유기적 존재요, 영혼을 가진 존재요, 정신적인 존재이다. 즉 인간은 네 개의 층으로 형성되어 있다."48)라

---

47) 소광희 외, 『철학의 제 문제』, 지학사, 1983년, 264쪽.

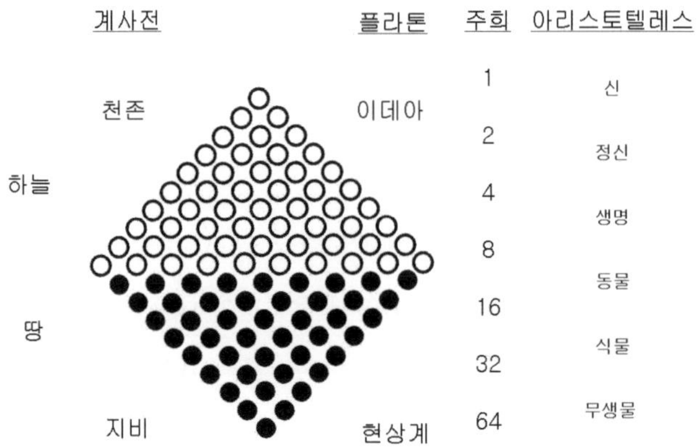

고 주장하는 것이 그것이다. 이들 서양 철학자들은 이렇게 해서 생명의 과정 철학과 만날 기회를 영원히 잃은 것이다.

(2) 이원론과 역이론

계사전의 시작 문구는 이 계사전에 담긴 사상이 전제 군주의 의미심장한 정치 사회적 통치 도구였음을 시사한다. 즉 이 세상 모든 것을 수직적으로 보는 역이론으로 태극에서 양의, 사상, 팔괘의 순으로 위에서 아래로 내려가는 것이다.49)

이는 철저한 수직 이론으로 사회를 천자에서부터 농민까지를 수직적

---

48) 앞의 책, 162쪽.

49) 역에는 태극이 있으니, 이것에서 양의가 생겨나고, 양의에서 사상이 생겨나고, 사상에서 팔괘가 생겨난다. 팔괘는 길흉을 정하고, 길흉에서 대업이 생겨난다.
易有大極 是生兩儀 兩儀生四象 四象生八卦.
八卦定吉凶 吉凶生大業(易經 : 繫辞上傳).

인 계층적 사회 구조로 만드는 기본적인 이념을 제공하는 것이다.

이 같은 계층 이론은 주자학의 주희朱熹에게서 더욱더 잘 나타난다. 즉 그는 역학계몽易學啓蒙에서 1—2—4—8—16—32—64의 순으로 수직적으로 설명했다50).

주희, 즉 주자는 계사전을 보다 더 세분화하여 설명하고 있다. 계사전과 주희의 역이론이 옳다면 살아 있는 우주와 자연과 인간 사회가 이 이론 체계로 되어 있어야 한다. 그러나 오늘날 우주와 자연과 인간 사회가 이렇게 수직적인 계층 구조로 이루어져 있다고 믿는 사람은 아무도 없을 것이다.

특히 오늘날 인간 사회가 이처럼 중국의 천자天子가 꼭대기에서 군림하고 그 아래에 사농공상이라는 계층 구조가 뒷받침해야 한다고 믿는 사람은 한 사람도 없을 것이다.

(3) 층이론적 역이론의 문제

원래 역이론은 고대의 성인이 만든 것으로 생명의 과정을 설명하는 이론 체계의 일부이다. 그러나 주나라 이후 이 이론 체계는 분리되어 수직적인 계층 이론으로 오히려 퇴보했다고 보는 것이 옳다고 본다.

---

50) 그러므로 하나가 나누어져 둘이 되고, 둘이 나누어져 넷이 되며, 넷이 나누어져 여덟이 되며, 여덟이 나누어져 열여섯이 되며, 열여섯이 나누어져 서른둘이 되고, 서른둘이 나누어져 예순넷이 된다.
시고일분위이 이분위사 사분위팔 팔분위십육 십육분위삼십이
是故一分爲二 二分爲四 四分爲八 八分爲十六 十六分爲三十二
삼십이분위 육십사 유근지유간 간지유지 유대즉유소 유세즉유번
三十二分爲 六十四 猶根之有幹 幹之猶枝 愈大則愈小 愈細則愈繁
주희, 『역학계몽』, 김상섭 해설, 예문서원, 1996년, 131쪽.

역이론에 있어서 계사전과 주회의 수직적 계층 이론이 근거를 찾기가 어려운 이유는 음양오행과 태극과 64괘를 연결할 아무런 이론 체계가 없기 때문이다.

현대 중국의 '시에쏭링'은 음양오행 사상의 기원에 대해,

> 그것이야말로 두려움을 느끼게 하는 스핑크스의 수수께끼, 확실히 알지 못하면 괴물에게 먹히고 마는 수수께끼[51]

라고 말한다. 사실상 음양오행의 근본 원리가 무엇인지에 대해 납득 가능한 설명을 한 학자가 중국에는 없다는 솔직한 고백인 것이다.

태극도 마찬가지이다. 중국 사상가들이 주장하는 태극의 개념은 왕필에 의하여 그 근본 원리가 제공되었다. 즉 왕필은 역경의 계사전에서, "위대한 연역의 수는 50인데 49만 사용한다."[52]라는 구절에 대해 왕필은 다음과 같이 주석을 단다.

> 천지의 수를 연역할 때 50이 기초가 된다. 그런데 쓰기는 49만 쓰니 즉 하나는 쓰지 않는다. 쓰이지 않지만 나머지 수들을 통괄하는 데에 쓰인다. 수에 포함되지는 않지만 다른 수를 완성하는 것이 바로 역의 태극이다. 49는 수의 극한이다. 무는 무를 통해서는 밝혀질 수 없고 반드시 유에 의거해야 하기 때문에 존재하는 사물의 극한을 통해서 반드시 그것이 유래하는 근원을 밝히는 것이다.[53]

---

51) 시에쏭링謝松齡, 『음양오행이란 무엇인가?』, 김홍경 · 신하령 역, 연암출판사, 1995년, 57쪽.

52) 大衍之數五十 其用四十九.

53) 「왕필집」 547~548쪽(풍우란, 『중국 철학사 하』, 박성규 역, 까치글방, 2007년, 723쪽).

여기서 왕필이 말하는 태극은 하나의 점點을 말하는 것이다. 이 역시 계사전과 주희의 계층적 수직 구조 이론의 일부일 뿐 아무 것도 입증된 것은 없는 것이다.

과연 이 같은 태극이 진리라면 누군가 이를 실험으로 입증해서 우리의 눈앞에 보여 주어야 할 것이다. 그러나 이는 사변적思辨的인 주장일 뿐 누구도 이를 입증하지도 못했고 입증할 생각조차 하지 못하고 있다.

나는 이 왕필의 태극론이 옳지 않다는 사실을 이 책의 「제7장 신학 실험神學實驗과 예수」에서 자세히 설명할 Han-fan을 통한 신학 실험에서 분명히 입증했다. 즉 한의 제2 법칙인 100=36+64에서 36이 태극이며 64가 64괘가 된다는 사실을 객관적인 실험 데이터를 통해 입증했다.

이렇게 보면 기존의 역이론이 철저하고 정밀하며 튼튼한 토대 위에 있다고 생각하는 것은 환상에 불과한 것이다. 실제로 계사전과 주희의 수직적 계층 구조에 어떤 납득 가능한 이론적 근거를 찾기는 실로 어려운 것이다. 나는 이 같은 수직적 계층 이론이 참다운 역이론과는 무관한 것으로 여긴다.

지금까지 동서양에서 존재한 이원론적 수직 이론들을 한철학의 통합적 수평적 이론으로 바꾸면 108쪽의 그림과 같이 설명된다.

그러나 다음의 그림은 이원론적 계층이론이 어떻게 통합론으로 혁신하며 수직적 계층 이론이 어떻게 생명의 과정 이론이 되는가를 한눈에 보여 준다.

이 그림이 곧 양극단을 통합하는 100=45+55의 혼돈상태를 설명하는 것이다. 그리고 뱀과 비둘기의 비유를 설명하는 것이다.

이원론적 계층이론에서 수평적 통합이론으로

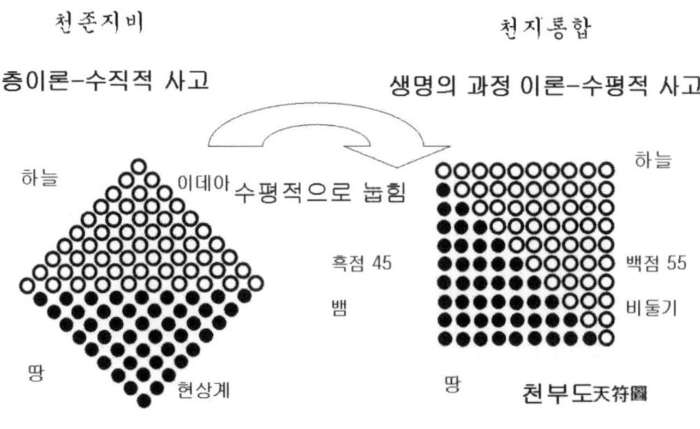

또한 이 생명의 과정적 수평적 사고를 보여 주는 위의 그림이야말로 곧 역이론의 핵심인 음양오행의 참다운 근본 원리이며, 태극과 64괘의 바탕 원리이다.

14. 혼돈상태混沌狀態 100=45+55

100=99+1이 설명하는 통합의 중요성은 100=45+55라는 수식에서 보다 더 자세하게 설명한다. 여기서 45는 땅을 상징하며, 55는 하늘을 상징한다.

또한 이 수식을 우리가 알아본 뱀과 비둘기로 표시하자면 전체인 온 100=뱀+비둘기=45+55로 표현할 수 있다.

마찬가지로 100=가이사의 것+하나님의 것=45+55로 표현할 수 있다.

여기서 뱀과 가이사는 상극의 영역이며, 비둘기와 하나님의 것은 상생의 영역이다. 즉 전체=상극+상생=45+55인 것이다. 이것이 음양오행의

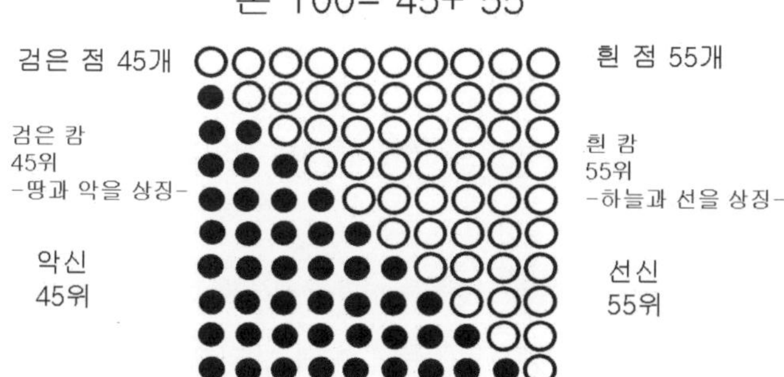

이 한장은 도형은 100=99+1을 설명하며 또한 더 자세한
100= 45+55를 설명한다. 이는 결국 도저히 하나가 될 수 없는
양극단을 하나로 통합하는 내용이다.
따라서 이 내용은 원수를 사랑하라는 내용은 물론
거듭나는 진리를 수식으로 설명하고 있는 것이다.

근본 원리를 설명한다. 중국인들은 음양오행을 광범위하게 사용해 왔지만 정작 그 철학적 원리에 대해서는 전혀 제시하지 못한 것이다.

(1) 부리아트 족의 신화와 천부도天符圖

부리아트 족의 신화에는 이 100=99+1이 보다 세밀하게 100=45+55로 설명되고 있다. 즉,

> 55위의 선신善神과 44위의 악신惡神이 있어 99위의 신이 있으며 이들은 영원히 대립한다.[54]

여기에는 전체가 100인데 1이 모자라 99가 된 것은 마찬가지지만 99의 내부가 55위의 선신과 44위의 악신으로 설명된다는 점에서 보다 자세하다.

이를 보면 100=선신 55+악신 45가 된다. 전체 100에서 1이 빠진 것이 곧 악신이라는 말이 된다. 이는 복음서에서 잃어버린 양이 죄인으로 설정된 것과 맥락을 같이 한다.

여기서 보다 자세한 부리아트 족의 신화를 살펴보자.

> 부르야트 인들은 신神들과 교통하는 샤만을 백샤만(사가니 뵈sagani bö), 영신靈神들과 교통하는 샤만을 흑샤만(카라인 뵈karain bö)라고 부른다. 부리아트 신화 자체가 주목할 만한 이원론을 설명하고 있는데, 이 신화에 따르면 수많

---

54) 발터 하이시히, 『몽골의 종교』, 이평래 역, 소나무, 2003년, 29·38쪽.

은 반신半神들의 계급은 대체로 검은 칸과 흰 칸으로 나뉜다. 이 양자는 서로 적대시한다. 검은 칸을 섬기는 것은 흑샤만이고 흰 칸을 섬기는 것은 백샤만이다. 야쿠트 인들도 신들을 두 종류로 나눈다. 위에 있는 탕가라(tangara : 천상계)와 아래에 있는 지하계의 신들로 나누는 것이다.55)

즉 천상계를 따르는 샤만을 백샤만, 지하계를 따르는 샤만을 흑샤만이라 함을 알 수 있다.

이제 100=99+1이라는 예수의 비유를 보다 자세히 설명하자면 빠진 악신惡神을 포함하면 100=45+55가 됨을 알 수 있다.

그리고 나아가 양극단이 통합됨으로써 생명의 과정을 진행하여 거듭나는 진리를 설명하고 있는 것이다.

(2) 천부경과 예수

한겨레문명을 상징하는 단군이 전해 주신 한겨레의 최대 경전인 천부경과 서양 기독교 문명을 상징하는 예수의 말씀과 직접적으로 만남과 대화가 가능한가? 가능하다면 그것이 무엇인가?

그것은 곧 천부경 81자 중 네 글자인 '일적십거一積十鉅'와 복음서의 뱀과 비둘기의 비유이다.

천부경의 네 글자 '일적십거一積十鉅'는 지금까지의 모든 내용을 모두 포함한다. 일적십거는 총 100의 숫자로서 우리말 '온'이 의미하는 핵심을 설명한다. 그리고 일적십거는 그 자체로 100=99+1과 100=45+55의 개념

---

55) 미르치아 엘리아데, 『샤마니즘』, 이윤기 역, 까치글방, 1992년, 178~182쪽.

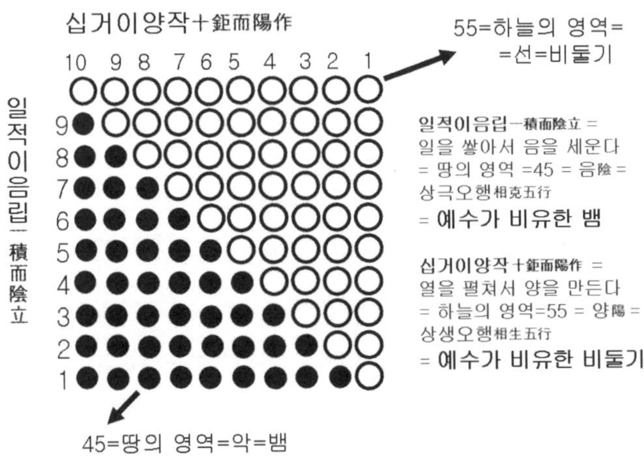

을 설명하며 또한 이 내용을 담은 천부도天符圖를 설명한다. 물론 이는 알타이어족의 신화를 모두 설명하는 것이다.

천부도天符圖는 한겨레의 고유한 정신이 담긴 천부경天符經의 원리를 이 도형이 힘축하여 설명하는 것이다.

위의 천부도 그림은 천부경 81자 중 네 글자인 일적십거一積十鉅를 그림으로 표현한 것이다. 즉 일적一積은 음陰을 세우니 검은 점 45를 만들고, 십거十鉅는 양을 만드니 흰 점 55를 만든다.

이 천부도의 그림이야말로 천부경과 삼일신고와 366사의 핵심 원리를 100=45+55라는 수식과 논리로 설명한다. 이 그림이야말로 인종이 달라도 누구와도 통하는 언어인 것이다.

그리고 이 천부경의 '일적십거一積十鉅'가 설명하는 100=45+55의 수식은 우주암호로서 복음서의 '잃어버린 양 한 마리'는 물론 뱀과 비둘기의 비유, 그리고 가이사의 것은 가이사에게 하나님 것은 하나님에게의 비유

116

를 설명하는 것이다.

단군과 예수는 이와 같은 우주암호로서 대화가 가능한 것이다. 그리고 이 만남과 대화는 여기서 끝나는 것이 아니라 이 '일적십거―積十鉅'가 설명하는 혼돈상태를 바탕으로 그 다음 상태인 질서상태를 설명하게 된다. 이 질서상태에서 드디어 단군과 예수의 결정적인 만남과 대화가 이루어지게 된다.

(3) 뱀과 비둘기와 음양오행

일반적으로 생각할 때, 신약에 담겨진 예수의 진리와 동양 정신의 바탕인 음양오행이 무슨 관련이 있겠는가라고 생각하기 쉽다. 그리고 기독교인들은 동양의 음양오행을 미신이라고 몰아붙이는 경우도 왕왕 있어 왔다.

그러나 진리의 세계에는 동서양이 따로따로가 아니다. 고대 동서양의 지식 정보들은 놀라울 정도로 서로서로가 긴밀하게 연결되어 크게 하나를 이루고 있다.

예수의 복음은 한신학의 광대무변한 이론 체계와 긴밀하게 연결되고 있다. 한철학이 설명하는 참다운 음양오행의 진리는 예수의 복음과 결코 무관하지 않다. 예수의 복음이 음양오행의 원리를 구구절절 설명하지는 않지만 예수의 복음은 음양오행의 가장 근본적인 원리를 이미 설명하고 있는 것이다.

새로운 사고의 틀이 나타나면 그 이전에 존재했던 무수히 많은 고정관념들이 시든 꽃잎이 허공에 흩어지듯 떨어져 날아간다.

우리는 한철학과 한신학이 만들어 내는 새로운 사고의 틀에서 동서양의 구분이 사라지는 것을 보고 있다. 동양의 음양오행 원리가 복음서의 내용과 일치한다면 누가 그것을 상상이라도 했겠는가?

또한 태극과 64괘의 원리가 복음서의 내용과 일치한다면 누가 믿겠는가? 그리고 새로운 기독론이 우리나라 대기업의 연구실 실험실의 실험으로 설명된다면 그것을 상상인들 했겠는가? 그러나 이는 모두 사실이며 뒤에 설명할 내용들이다.

① 뱀과 비둘기와 음양

복음서에 뱀과 비둘기 그리고 가이사의 것과 하나님의 것이 하나로 통합되는 것과 음양이 하나로 통합되는 것은 동일한 개념이다.

이제 한 걸음 더 나가 보자. 이 원수를 사랑하라는 온힘 10은 하늘/땅, 비둘기/뱀, 나와 이웃/원수의 양극단뿐 아니라 양/음, 상생/상극의 양극단을 비롯한 모든 양극단을 소통하고 통합하는 영역이다. 이 모든 것을 동양적 표현으로 한다면 한마디로 음/양이다.

② 뱀과 비둘기와 상극 오행/상생 오행

오행도 마찬가지이다. 복음서에 뱀과 비둘기, 그리고 가이사의 것과 하나님의 것이 하나로 통합되는 것과 상극오행과 상생오행이 하나로 통합되는 것은 동일한 개념이다.

이 원리는 곧 동양 문명의 가장 근본이 되면서도 중국인들이 지난 3,000년 동안 전혀 설명하지 못한 원리를 설명한다.

낙서洛書는 1+2+3+4+5+6+7+8+9=45로 상극의 원리를 설명한다. 이는 곧 땅의 영역이며 음陰의 영역을 상징하는 것이다. 복음서의 뱀의 영역이다. 이 뱀보다 더 땅의 영역 나아가 상극의 영역을 잘 설명하는 개념도 흔치 않다.

또한 하도河圖는 1+2+3+4+5+6+7+8+9+10=55로서 하늘의 영역이며 양陽의 영역을 상징한다. 복음서의 비둘기의 영역이다. 이 비둘기보다 더 하늘의 영역 나아가 상생의 영역을 잘 설명하는 개념도 흔치 않다. 문자 그대로 비둘기는 평화의 상징이 아닌가? 이야말로 상생의 상징이기도 한 것이다.

이 뱀과 비둘기의 비유는 이처럼 보다 구체적으로 설명되면서 동양 철학의 핵심인 하도河圖와 낙서洛書의 상생과 상극의 원리를 설명하게 되는 것이다.

이 그림에서 '온힘=10=원수를 사랑하라'는 내용은 뒤에 다시 자세하게 설명한다.

(4) 천지 통합에서 남녀 통합으로

창조 때로부터 사람을 남자와 여자로 지으셨으니, 이러므로 사람이 그 부모를 떠나서 그 둘이 한 몸이 될지니라. 이러한즉 이제 둘이 아니요 한 몸이니, 그러므로 하나님이 짝지어 주신 것을 사람이 나누지 못할지니라 하시더라(막 10:6~9).

놀랍게도 지금까지의 이원론적 철학과 신학은 천지의 통합을 방해하고, 음양의 통합을 방해하고, 남녀의 통합을 방해했다.

그러나 복음서는 이렇게 남녀 통합을 큰소리로 외치고 있는 것이다. 불트만은 이 대목을, "원래는 남자가 다른 여자와 결혼하기 위해 아내를 버리면 그는 범죄한 것으로 간주했다."[56]고 했다. 복음서는 남녀 통합을 위협하는 것에 대한 대단히 강력한 도덕성을 드러내는 것이다.

예수는 이원론의 반대 방향에서 양극단의 통합, 즉 영육통합론을 주장하고 있는 것이다. 이 대목은 결코 쉬운 내용이 아니며, 다른 철학과 신학에서 볼 수 있는 것도 아니다.

남녀에 대한 예수의 강력한 도덕성은 다음의 단군께서 전한 단군팔조교 제4조의 내용과 일맥상통한다.

단군팔조교 제4조 檀君八條敎 第四條

하늘을 나는 새와 땅을 다니는 짐승도 짝이 있고, 다 떨어진 신발도 짝이 있나니 너희들 사내와 계집은 서로 화합하여 원한 하는 일이 없게 하고, 질투함이 없게 하고, 음탕함도 없게 하라.

금수유쌍 폐리유대 이남녀 이화 무원무투무음
禽獸有雙 弊履有對 爾男女 以和 無怨無妬無淫

우리 한국인들 중에서 짚신도 짝이 있다는 속담을 모르는 사람은 없을 것이다. 그 속담이 실은 단군조선을 세울 당시 단군왕검께서 전한 단군팔조교의 제4조라는 사실을 아는 사람은 드물다. 이 단군의 말씀은 남녀

---

56)루돌프 불트만, 『공관복음 전승사』, 허혁 역, 대한기독교서회, 1971년, 165쪽.

통합의 강력한 도덕심을 설명하고 있다.

그러나 동서고금의 철학 이론에서는 남이 여를, 그리고 여가 남을 부정하는 이원론을 주장할 뿐 이처럼 양극단인 남녀의 통합을 강력하게 주장하고 권장할 수 있는 이론 체계는 흔치 않다.

(5) 상극의 영역을 설명하는 예수

100=45+55는 다른 표현으로는 전체=부정의 영역+긍정의 영역이다. 여기서 부정의 영역 45는 부정의 법칙이 존재하며, 긍정의 영역 55에는 긍정의 법칙이 존재한다. 부정의 영역은 상극오행이 설명하고, 긍정의 영역은 상생오행이 설명한다. 이 양자는 모두 필요한 것이며 그 중 하나만으로는 생명을 이룰 수 없고 인간에게는 삶을 이룰 수 없다.

부정할 것을 긍정하는 것은 어리석을 뿐 아니라 위험하다. 플라톤의 관념론이나 대부분의 종교는 이 상극의 영역을 애써 무시한다. 그리고 상생의 영역을 지나치게 강조한다.

그러나 생명의 과정에서 이 상극의 영역은 상생의 영역과 동일하게 중요하다. 이 부분을 무시한다면 그는 위선자가 됨과 동시에 그 단위가 개인이든 국가이든 생명을 유지할 수 없게 되어 즉시 위기상태로 전락하게 되는 것이다. 복음서는 상극의 영역의 중요성을 이렇게 말한다.

내가 세상에 화평을 주러 온 줄로 생각하지 말라. 화평이 아니요 검을 주러 왔노라(마 10:34).

이 부분을 잘못 해석하면 예수의 다른 말씀인 '원수를 사랑하라!'는 말과 극단적으로 모순이 되는 것으로 오해할 수 있다.

바로 이러한 문제가 이원론의 문제이다. 즉 이원론은 이 세상 모든 것을 양극단으로 나누고 그 양극단 중 하나만을 참이라고 생각하는 것이다.

그러나 한신학과 한철학이 설명하는 생명의 과정은 여러 상태가 있다. 그 여러 상태들은 각각 독립적인 존재 방식이 있다. 그리고 그 존재 방식끼리 상충되는 내용이 있는 것은 조금도 이상한 일이 아니다.

복음서에서 화평과 검은 대립된다. 그런데 복음서는 이 말씀에서는 화평이 아니라 검을 강조한다. 진리를 따르는 일에는 긍정의 영역만 필요한 것이 아니라, 부정의 영역도 필요하다는 진리를 설명하고 있다.

복음서는 생명을 중시한다. 즉 살아 있는 생명으로서 전체 안에는 부정과 긍정의 영역이 동시에 존재함을 말한다. 검이 의미하는 부정의 영역 45에는 부정의 법칙이 존재한다는 것을 비유한 것이다. 말씀은 또한 이렇게 부정의 영역 45를 설명한다.

거룩한 것을 개에게 주지 말며 너희 진주를 돼지 앞에 던지지 말라. 그들이 그것을 발로 밟고 돌이켜 너희를 찢어 상하게 할까 염려하라(마 7:6).

부정해야 될 대상에게 긍정하지 말라는 말이다. 부정해야 할 대상은 부정의 법칙에 의해 다스리는 것이 옳다는 것이다. 즉 상극의 원리로 다스릴 대상에게 상생의 원리로 다스리려 하지 말라는 것이다.

이 놀라운 진리는 관념론자와 유신론자에게는 영원히 이해될 수 없는 어려운 진리인 것이다. 대부분의 종교는 상생의 원리 하나만으로 세상만사를 해결하려 한다. 그 경우 반인 추상적인 관념의 영역에서는 옳을 수도 있지만 나머지 반인 구체적인 사물의 영역에서는 대부분 위선자나 어리석은 자가 되기 마련이다.

제4장

원수를 사랑하라! 온힘—10

원수를 사랑하라! 온힘―10

또 네 이웃을 사랑하고 네 원수를 미워하라 하였다는 것을 너희가 들었으나 나는 너희에게 이르노니 너희 원수를 사랑하며 너희를 박해하는 자를 위하여 기도하라(마 5:43~44).

복음서 전체에서 가장 강렬한 내용은 역시 '원수를 사랑하라!'는 말씀이라 할 것이다.

『예수 대 예수』라는 책을 통해 복음서의 문제점들을 낱낱이 파헤친 제롬 프리외르, 제라르 모르디아는 이렇게 평가한다.

이 역설적인 명령은 예수가 전하는 메시지의 절정이자 진수로 소개되었다. 하지만 천국에 가서는 그렇게 할 수 있을지 몰라도 세상에 사는 누가 자기 자신에게 하듯 남을 사랑할 수 있을까? 누가 적을 사랑하며, 오른 뺨을 맞고 왼 뺨을 내밀 수 있을까? 이 사랑의 명령은 지켜질 수 없었다. 어떤 경우에도 시공을 초월하여 영원히 지켜질 수 있는 윤리로 여길 수 없었다. 따라서 그리스도인들은 이상을 고취하려는 의지와 그것을 계속 은닉하려는 사

실 사이에서 갈등한다.57)

그의 말처럼 기독교인들에게 이 예수의 이 명령은 지켜지지 않았던 것 같다.

그러나 이 '원수를 사랑하라!'야말로 도저히 하나가 될 수 없는 양극단을 통합하는 진리를 담고 있다. 이 말씀이 의미하는 영역이 없다면 우리는 뱀과 비둘기, 그리고 가이사의 것과 하나님의 것을 하나로 통합할 수 없다.

양극단을 하나로 통합할 수 없다면 생명의 과정은 진행될 수 없다. 따라서 썩어질 씨앗에서 썩지 않을 씨앗이 될 수 없으며 또한 죽은 자에서 살은 자로 거듭날 수 없다. 결국 하나님 나라로 가는 길을 영원히 잃게 되는 것이다.

지금까지 설명한 모든 원리는 바로 이 '원수를 사랑하라!'는 말씀에 담긴 진리에 의해 하나로 통합되며 생명의 과정을 진행함으로써 거듭날 수 있게 되는 것이다.

바로 이 '원수를 사랑하라!'는 말씀에 담긴 진리는 복음 안에 동서고금의 모든 철학과 신학이 전혀 접근도 하지 못한 양극단을 통합하는 대진리가 숨어 있었다. 그리고 이 대진리는 플라톤과 아리스토텔레스와 칸트, 화이트헤드 등의 서양 철학자들의 이론이 가려져 있었다. 이 원수를 사랑하라는 단 한마디의 말씀만으로도 지금까지 모든 철학자와 신학자의 이론을 단숨에 압도하는 새로운 철학과 신학이 담겨있는 것이다.

그러나 이와 같은 예수의 진리가 이원론이나 양극단을 통합하지 못하

---

57) 제롬 프리외르. 제라르 모르디아, 『예수 대 예수』, 이상용 역, 한연, 2006년, 193쪽.

는 논리로 오해받아 온 것이다. 이 말씀에 담긴 진리는 무엇인가? 그것을 한마디로 개인과 사회가 가지고 있는 잠재력을 100% 발휘하라는 것이다. 이원론의 경우 55-45=10, 또는 45-55=-10이다. 이 이원론적 사고의 틀은 개인과 사회가 가지고 있는 잠재력의 많은 부분을 낭비하게 만드는 것이다. 바꾸어 말하면 누군가가 사회의 잠재력의 상당부분을 가로채거나 버려지게 만드는 것이다.

바로 이 이원론을 극복한 통합의 원리 100=45+55의 논리에서 한신학이 움직이기 시작하는 것이다. 복음서가 말하는 '원수를 사랑하라!'는 말씀과 뱀과 비둘기, 가이사의 것과 하나님의 것의 비유 등은 모두 이같이 개인과 사회의 잠재력을 조금도 낭비하지 말고 100%를 모두 활용하여 개인과 사회가 행복해지라는 것이다.

15. '원수를 사랑하라!'와 창조하는 중재자로서의 예수

불트만은 '원수를 사랑하라!'는 대목에서 별 다른 전승을 찾아내지 못하고 단지 여러 '공관서의 격언'[58]들 중 하나로 소개하고 있다. 이 말씀의 중요성을 조금도 알지 못한 것이다. 이렇듯 불트만은 복음서를 신화라고 규정했지만 실제로 반드시 보아야 할 중요한 것들은 전혀 보지 못했다.

이 '원수를 사랑하라!'는 명제는 동서고금을 통해 그 누구도 설명된 바 없는 전혀 새로운 철학과 신학의 영역을 설명하고 있다.

그러나 예수가 말하는 진리는 우리나라에서는 이미 수천 년 전부터 상식이며 생활이다. 한국인은 원수를 사랑할 수 있는 이론 체계를 철학과 신학으로 완성시켰다. 그뿐 아니라 이를 기나긴 역사를 통해 생활의 상식으로 여기며 살아왔다.

틸리히는 내가 설명하려는 창조하는 중재자로서의 예수와 비슷한 개념으로 중보자를 설명하고 있다.

그리스도에게 자주 인용되는 첫 번째 개념은 '중보자(mediator)'이다. 기독교에서 중보는 무한자와 유한자 사이, 무조건자와 조건자 사이의 무한한 간격을 이어 주는 것을 의미한다. 그러나 중보의 기능은 단순히 궁극자를 구체화하는 것 이상이다. 중보는 재결합이다. 중보자는 구원의 기능을 가지고

---

58) 루돌프 불트만, 『공관복음 전승사』, 허혁 역, 대한기독교서회, 1971년, 101쪽.

있기 때문에 그는 구원자이다.[59]

틸리히가, "중보는 재결합이다. 중보자는 구원의 기능을 가지고 있기 때문에 그는 구원자이다."라고 말할 때 그는 내가 설명하고자 하는 양극 단을 통합하는 중재자와 비슷한 말을 하고 있다.

그러나 나는 틸리히가 말하는 것처럼 단순한 중보자를 말하는 것이 아니다. 내가 설명하려는 중재자는 창조하는 중재자이다.

오직 너희는 원수를 사랑하고 선대하며 아무것도 바라지 말고 꾸어 주라. 그리하면 너희 상이 클 것이요, 또 지극히 높으신 이의 아들이 되리니, 그는 은혜를 모르는 자와 악한 자에게도 인자하시니라. 너희 아버지의 자비로 우심같이 너희도 자비로운 자가 되라(눅 6:35~36).

이 말씀은 문장 자체에서 예수 이전의 구약과 예수가 가르친 신약의 갈림길이 됨을 직접적으로 말하고 있다. 즉 구약에서는 이웃을 사랑하고 원수를 미워하라고 가르쳤으나 예수의 신약에서는 이 구약의 문제를 해결하여 새로운 진리인 이웃을 사랑하고 원수도 사랑하라고 가르치고 있다.

여기서 과거의 진리인 '이에는 이 눈에는 눈' 의 논리는 구약 바이블에서 나타난다. 이 구약의 내용은 분명 원수에 대한 증오가 잘 나타나 있다. 바로 이 점에서 예수는 기존의 신학과 전혀 다른 신학의 이론 체계를 제시하고 있는 것이다. 즉,

---

59) 폴 틸리히, 『조직 신학 Ⅲ』, 한들출판사, 2005년. 147쪽.

네 눈이 긍휼히 여기지 말라. 생명에는 생명으로, 눈에는 눈으로, 이에는 이로, 손에는 손으로, 발에는 발로이니라(신명기 19:21).

라는 말이 있다.

분명 예수가 말한 원수를 사랑하라는 말은 이와 같은 내용들과는 다른 차원의 새로운 것이다.

16. 온힘 10과 '원수를 사랑하라!'

다음 그림에는 뱀과 비둘기의 영역 사이의 경계 면에 '원수를 사랑하라'는 영역이 존재한다. 이 백점 10개의 영역은 뱀의 영역과 비둘기의 영역을 통합하여 전체인 100을 이루게 하는 영역이다. 이 영역을 일컬어 온힘이라고 한다.

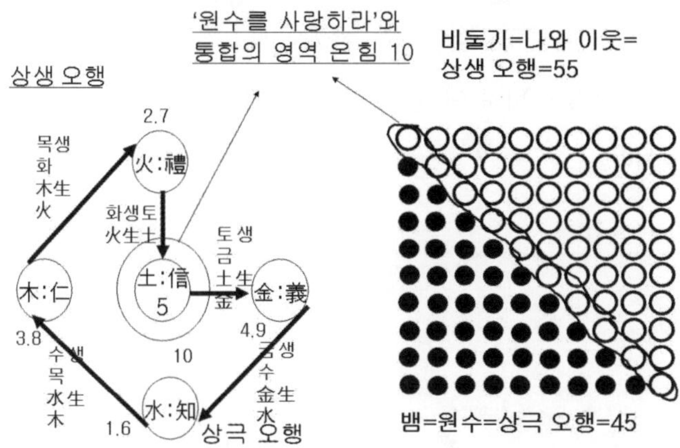

이 온힘은 백점 55개 중 10개이다. 즉 비둘기를 의미하는 백점 55의 영역은 상생의 영역으로 하도河圖로 설명된다. 이는 상생 오행으로 설명되는데 그 상생 오행의 중심에 있는 10이 바로 온힘의 영역을 의미한다. 중국인들은 지난 3,000년간 이 10의 의미를 전혀 알지 못함으로써 100=45+55라는 우주암호가 설명하는 음양오행을 철학으로 만들지 못했다. 이 온힘의 영역이 도저히 하나가 될 수 없는 구체와 추상의 양극단을 하나로 통합한다.

어떤 사람들은 이 '원수를 사랑하라!'는 명제를 놓고 거룩한 사람은 소극적으로는 자기를 사랑하지 않는 것이며, 한편으로는 원수를 사랑하는 것이라고 주장한다.

이는 만사를 이원론적으로 보는 관점이다. 원수를 사랑하라는 것은 나와 이웃의 영역과 원수의 영역을 통합하는 영역의 진리를 의미한다는 사실을 알지 못하는 것이다.

그리고 이 통합의 영역은 하도河圖의 10으로 상징한다. 이 10은 하도 자체에서는 아무런 역할이 없다. 이 역할은 오직 낙서洛書로 상징되는 상극오행의 영역과 하도로 상징되는 상생오행의 영역을 소통하고 통합하는 역할을 할 뿐이다. 바로 이 영역이 복음서에서 말하는 '원수를 사랑하라'는 영역이다.

17. 기존의 신론과 '원수를 사랑하라!'

우리는 네 가지의 사고의 틀을 살펴보았다. 즉 마음이 사물을 따를 때 그것은 유물론이며, 사물이 마음을 따를 때 그것은 관념론이며, 사물과 마음의 신비스러운 일치는 곧 칸트의 이율배반이다.

여기에 대승불교의 설립자 나가르주나의 공사상을 추가했다. 이는 양극단 모두를 부정하는 것이다.

이것이 지난 3,000년간 동서양의 인류가 생각해 낸 사고의 틀 전부이다. 그러나 참으로 놀랍게도 예수의 복음 '원수를 사랑하라!'는 명제는 지난 3,000년간 동서양의 모든 철학자들이 가지고 있었던 사고의 틀 모두를 통틀어도 결코 설명될 수 없는 것이다.

신학에서도 마찬가지이다. 기존의 신론에서 유신론과 범신론은 모두 양극단의 한쪽만을 지지하는 신론에 불과하므로 '원수를 사랑하라!'는 명제를 설명할 수 없다.

화이트헤드의 양극성의 이론이 설명하는 범재신론은 양극단이 공존하라는 의미로서 '원수를 사랑하라!'는 명제를 설명하기에는 역부족이다. 공사상은 나와 이웃과 원수의 영역을 모두 부정하고 파괴하는 논리이므로 처음부터 '원수를 사랑하라!'와는 아무런 관계가 없다.

따라서 신학에서 현존하는 신론 전체를 통틀어도 '원수를 사랑하라!'는 명제를 설명할 수 있는 신론은 단 하나도 없음은 이처럼 명백한 것이다.

원수를 갚지 말며 동포를 원망하지 말며 네 이웃 사랑하기를 네 자신과 같
이 사랑하라. 나는 여호와이니라(레위기 19:18).

구약에서 이웃을 사랑하고 원수를 갚지 말라는 말은 매우 훌륭한 공존
의 철학을 담고 있다. 오늘날 구약을 일방적으로 매도하고 신약을 칭송
하는 사람들이 있는데 이 대목은 그 같은 주장을 무색케 한다.

여기서 이웃을 사랑하고 원수를 갚지 말라는 명제와 이웃을 사랑하고
원수를 사랑하라는 명제는 근본적으로 다른 것이다. 이웃을 사랑하고 원
수를 갚지 말라는 말은 공존의 철학이다. 하지만 이웃을 사랑하고 원수
도 사랑하라는 말은 이와 달리 양극단의 통합을 통해 생명의 과정을 진
행하라는 말이 된다.

우리는 이제부터 기존의 신학을 대표하는 네 가지 신론들과 예수의 진
리를 비교함으로서 정말로 지금까지 원수를 사랑하라는 명제를 설명한
신론이 없었는지를 하나하나 확인해 보자.

18. 유신론과 '원수를 사랑하라!'

먼저 유신론(有神論 : Theism)을 정의해 보자.

> 유신론은 지고의 선한 신을 믿으며, 이 신은 이 세계에 창조자로서 이 세계
> 로부터 분리되어 독립적으로 존재하며, 전지전능하고 영원하며 자존하는
> 분임을 믿는 사상이다.[60)

유신론의 신은 이 세계의 영역과 분리되어 저 멀리 하늘나라의 영역에 독립적으로 존재한다. 플라톤에게는 실재하는 것은 현상계現象界가 아니라 이데아계라는 이원론과 유신론을 동일한 사고로 보는 틀이 담겨 있다. 플라톤에게 실재하지 않는 그림자의 세계가 곧 유신론에서는 인간과 땅의 영역이다. 유신론에서 신의 영역과 인간의 영역이 양극단으로 대립하되 신은 선하고 인간은 악하다.

예수는 이 같은 플라톤의 철학의 이원론적 경지로서는 상상도 할 수 없는 생명의 신학을 설명하고 있다. '원수를 사랑하라!'는 명제는 나와 이웃의 영역과 도저히 하나가 될 수 없는 원수의 영역까지 통합하라는 것을 의미한다.

이는 플라톤의 이원론이 말하는 이데아의 영역과 그림자의 세계, 즉

---

60) William I. Low, *Philosophy of Religion*(Encino, California : Dickensons Publishing Co. Inc .1978), p.14(김하태, 『동서 철학의 만남』, 종로서적, 1988년, 41쪽).

인간과 땅의 영역이 하나로 통합되는 원리를 담고 있는 것이다.

따라서 예수의 진리를 플라톤의 이원론으로 담는 것은 가능한 일로 보여지지 않는다. 예수의 진리를 그리스의 이원론 철학으로 담은 그 순간 예수의 진리는 그 찬란한 진리의 빛이 완전히 어둠 속으로 사라지게 되는 것이다.

하지만 기독교에서 그리스 철학에 기초한 유신론은 처음부터 너무도 강력하게 자리 잡았다. 먼저 '신약 성서를 포함한 거의 모든 초기 기독교 문서들은 그리스 어[61]'로 되어 있었다는 점에서 그리스 철학이 얼마나 신약에 강한 영향을 주었나를 짐작케 한다.

그런데 그리스 철학의 중심은 플라톤과 아리스토텔레스였는데 이들의 철학은 명백하게 이원론이었고 이것이 유신론의 바탕이 된다. 따라서 이원론과 유신론을 완전히 벗어나 그 이원론과 유신론의 문제를 극복하기 위해 모든 노력을 한 예수의 철학과 신학이 처음 기술되면서부터 그리스의 이원론 철학에 크던 작던 영향을 받도록 노출되어 있었다.

신약에서 4대 복음서를 제외한 영역의 많은 부분을 작성한 바울은 예수의 복음을 그리스·로마의 사회적·철학적 용어로 옮겨 적었다.

그리고 초기 기독교의 위대한 철학자이자 사상가로 중세 기독교에 큰 영향을 끼친 로마의 아우구스티누스에게서 플라톤의 제1 철학은 그에게는 신학이 되며 플라톤의 제1 원인은 그에게는 신이 된다. 플라톤에게서 실재하는 것은 현상계가 아니라 이데아계라는 이원론이다.

아우구스티누스는 인간은 육체와 영혼의 중간적 존재인데 신을 사랑하여 육체의 필변성을 벗어나 영혼의 불변성에 도달한다는 것이다. 이는

---

61) 비트 어만, 『성경 왜곡의 역사』, 민경식 역, 청림출판, 2006년, 102쪽.

138

분명 플라톤의 이원론이 그의 신학 이론 체계의 근본을 차지함을 볼 수 있다. 예수는 이처럼 육체와 영혼의 분리를 말하지 않았다. 아리스토텔 레스는 세계를,

　　무생물, 식물, 동물, 생명, 정신, 신으로 구분한다. 이때 생명은 인간을 지 칭하는 듯이 보인다. 그는 각 층의 특징을 중추적 기능에서 살피고 있는데, 식물은 영양 섭취 · 성장 등의 영靈, 동물은 감각 · 생식 · 본능 등의 영靈, 인 간은 각각 정신적 사유의 영靈을 갖는다.[62]

라고 말한다. 이와 같이 세계를 수직적인 계층으로 분류하여 그 최상단 에 신을 설정하는 방법은 서양 철학의 근본을 이룬다. 이 방법은 다시,

　　아우구스티누스처럼 암석적인 것·식물적인 것·동물적인 것·천사적인 것·신 으로 구분하기도 했다. 중세기 형이상학에 있어서처럼 존재를 신·천사·인 간·자연으로 구분하기도 했으며, 야스퍼스에 있어서와 같이 자연·인간·절 대자로 구분할 수도 있다.'[63]

로 설명되었다.

　그러나 이 방법은 결국 신의 영역이라는 추상적인 영역과 인간과 땅이 라는 구체적인 영역으로 나누는 이원론의 여러 모습이다.

　토마스 아퀴나스의 경우 아리스토텔레스의 부동의 원동자를 그대로 가져다 쓰고 있다. 여기에는 가능태와 현 실태의 이원론이 그 근저에 자

---

62) 소광희 외 2인 『철학의 제 문제』 지학사 1983년, 264쪽.
63) 앞의 책, 264쪽.

리 잡고 있다.

토마스 아퀴나스의 신학 요강 첫 번째 논고의 제3장 '신은 존재한다'는 내용에서 엿볼 수 있을 것이다. 아퀴나스가 직접 말한 것을 살펴보자.

신적 본질의 단일성에 관련해서는 우선 신이 존재한다는 사실을 믿어야만 하는데, 이것은 이성을 통해 똑똑히 보이는 것이다. 즉 우리는 움직이는 모든 것이 다른 것들에 의해 움직여진다는 사실을 보게 된다. 예를 들어 하위의 것들은 상위의 것들을 통해서(움직여지고), 이것은 천체들을 통해서(지상의) 요소들이 움직여지는 것에서도 마찬가지다. 요소들 중에서는 더 강한 것이 약한 것을 움직이게 한다. 천체들 중에서는 상위의 천체들이 하위의 천체들을 움직인다. 그런데 이것이 무한 소급되는 것은 불가능하다. 왜냐하면 어떤 것에 의해서 움직여진 모든 것은 마치 최초로 움직이는 것(제1 동자)에 (의해 움직여진) 일종의 도구나 마찬가지이기 때문이다. 만일 제1 동자가 존재하지 않는다면, 움직이는 모든 것은 단지 도구일 것이다.…… 그러므로 모든 것 중에서 최고의 것인 제1 동자(최초로 움직이는 자)가 존재해야 하며, 우리는 이를 신이라 부른다.[64]

토마스 아퀴나스는 중세 유럽의 스콜라 철학을 대표하는 이탈리아의 신학자로 스콜라 철학의 왕으로 불리는 인물로 후대 서양 신학에 막대한 영향력을 행사했다.

그가 말하는 부동의 원동자에는 최상위의 신과 하위의 인간과 땅을 분리하고 그 신이 모든 것을 움직인다는 계층 이론이 적용되어 있다.

---

64) 토마스 아퀴나스, 『신학 요강』, 박승찬 역, 나남, 2008년, 40~41쪽.

지금까지 살펴본 이 같은 이원론과 이원론이 세분화된 계층 이론으로는 양극단을 통합하는 영역을 설명하는 '원수를 사랑하라!'는 진리에 접근하기가 불가능함을 알 수 있다.

(1) 구약과 예수의 복음

예수의 말씀은 구약의 문제를 제시하고 자신이 그 해결 방법을 제시한다. 즉,

> 내가 율법이나 선지자를 폐하러 온 줄로 생각하지 말라. 폐하러 온 것이 아니요, 완전하게 하려 함이라(마 5:17).

라고 했다. 예수는 이전의 율법과 선지자를 부정하지 않았다. 대신 부족한 점을 채워 통합하는 긍정성을 제시한다. 이 방법론이야말로 도저히 하나가 될 수 없는 양극단을 하나로 통합하는 방법론이다. 바로 말씀 안에 서양 문명과 동양 문명 전체가 지금 이 순간까지도 깜깜하게 몰랐던 전혀 새로운 이론 체계가 내재되어 있는 것이다.

예수 이전까지 유대의 율법이나 선지자에게 문제가 없다면 그것을 폐하려고 한다는 오해를 받을 만큼 과격한 언행을 할 필요가 없다. 예수는 분명히 이에 대한 문제를 제기한 것이다. 그러나 이를 부정하는 것이 아니라 부족한 영역을 채워 넣음으로써 완전하게 한 것이다. 예수의 '완전하게 함'이라는 방법론이야말로 당시는 물론 지금까지도 아무도 몰랐던 양극단을 통합하는 혼돈상태를 만들고 있는 것이다.

그리고 이 예수의 통합의 철학이 이원론에 불과한 그리스의 플라톤과 아리스토텔레스의 철학 안에 갇혀 있으면서 그 안에서 무려 2,000년 동안 헤어 나오지 못하고 있는 것이다.

이제 구약의 출애굽기의 모세의 율법을 살펴보자. 즉,

> 생명은 생명으로, 눈은 눈으로, 이는 이로, 손은 손으로, 발은 발로, 덴 것은 덴 것으로, 상하게 한 것은 상함으로, 때린 것은 때림으로 갚을지니라(출애굽기 21:23~25).

이는 동해 보복법同害報復法으로 타인의 몸에 상해를 입혔을 경우 그와 동일하게 보복당하는 처벌법이었다. 이는 가해자가 피해를 입힌 만큼만 피해자가 보복해야 한다는 사고의 틀이었다. 다시 말해 피해당한 이상으로 보복함으로써 생기는 문제를 막기 위한 좋은 면을 가지고 있다.

그러나 예수는 이와 전혀 다른 차원의 사고의 틀을 제시한다. 예수는 먼저 자신과 이웃의 영역과 원수의 영역이라는 양극단의 영역을 구분하였다. 그러나 예수는 그 이전의 구약의 논리와는 달리 이 양극단의 영역을 통합하려는 시도를 하고 있다.

즉 자신과 이웃의 영역은 물론 원수의 영역까지도 사랑함으로써 양극단을 하나로 통합하고 있는 것이다. 바로 이 점이 예수 이전의 구약과 다르지만 그렇다고 구약을 부정하지 않는 예수의 놀라운 면모가 드러난다. 따라서 마태복음에는 이렇게 예수의 말씀을 담고 있다.

> 눈은 눈으로 이는 이로 갚으라 하였다는 말을 너희는 들었으나 나는 너희에

게 이르노니 악한 자를 대적하지 말라. 누구든지 네 오른편 뺨을 치거든 왼편도 돌려 대며, 또 너를 송사하여 속옷을 가지고자 하는 자에게는 겉옷까지도 가져가게 하며 또 누구든지 너를 억지로 오 리를 가게 하면 그 사람과 십 리를 동행하고 네게 구하는 자에게 주며 네게 꾸고자 하는 자에게 거절하지 마라.

또 네 이웃을 사랑하고 네 원수를 미워하라 하였다는 것을 너희가 들었으나 나는 너희에게 이르노니 너희 원수를 사랑하며 너희를 박해하는 자를 위하여 기도하라(마 5:38~44).

예수는 드디어 양극단을 통합하여 생명의 과정을 진행하는 신학적 혁명을 일으킨 것이다. 어째서 서양인들은 이 놀라운 진리의 말씀을 늘 보면서 예수의 양극단을 통합하는 생명의 신학을 알지 못했을까?

(2) 헤겔의 유신론과 예수

헤겔의 철학은 곧 철학의 이름을 빌린 신학이다. 헤겔은 신은 선이고 인간은 악이라는 유신론에 충실하다. 즉,

인간은 즉자적 혹은 선천적으로(자연적으로) 악이며 동시에 자기 속에의 반절 혹은 반성에 의해서도 악인 것이다.[65]

헤겔은 신의 영역과 인간과 땅의 영역이라는 양극단을 구분한다. 그리

---

65) 헤겔, 『법철학 강요』, 권응호 역, 홍신문화사, 1997년, 194쪽.

고 신의 영역은 선이며 인간과 땅의 영역은 악이라는 유신론을 주장한 것이다. 이는 대립하는 양극단에서 한쪽만 긍정하고 다른 나머지는 부정하는 것이다.

그러나 예수가 원수를 사랑하라는 말에는 헤겔의 신학과는 반대로 원수의 영역까지 사랑함으로써 양극단을 통합한다는 놀라운 진리가 숨어 있다. 이 같은 예수의 양극단 통합의 신학과 헤겔의 유신론적 신학은 전혀 비슷한 점이 없다. 오히려 헤겔의 신학은 그리스 철학과 맥락을 같이한다.

또한 헤겔의 전쟁론은 예수의 원수를 사랑하라는 주장과 개인의 차원을 넘어 민족적 국가적인 관점에서 정면으로 배치된다.

"전쟁이란 결과적으로 민족을 강하게 만들 뿐 아니라, 국내에 있어서 반목하고 있는 국민은 대외 전쟁에 의해 국내의 평온을 얻는 것이다. 물론 전쟁에 의해 소유물은 안정성을 잃게 되겠지만, 이렇듯 물건이 안전하지 않다는 일이야말로 필연적인 운동 그것이다.……그럼에도 불구하고 전쟁은 사항의 본성에 뿌리를 두고 있을 경우 불가피하게 일어날 수밖에 없다. 뿌려진 씨앗은 또다시 싹을 틔우는 것이고, 요설은 역사의 엄숙한 반복 앞에서는 침묵을 하는 것이다."66)

개인을 확장한 것이 국가와 민족이라고 볼 때 전쟁을 통해 국가와 민족이 강해지고 내부적인 결속을 다질 수 있다는 헤겔의 주장은 분명히 이원론적이다. 그리고 이 전쟁론은 예수의 '원수를 사랑하라!'는 진리와

---

66) 앞의 책, 420쪽.

전면적으로 반대가 되는 이원론이다.

원수를 사랑하고 비판하지 말며 용서하라는 내용은 이웃 나라가 원수일지라도 서로 이해하고 사랑하여 크게 하나로 통합하라는 말과 같다.

19. 범신론汎神論과 '원수를 사랑하라!'

범신론은 구체적인 영역인 자연이 곧 신이다. 따라서 자연의 맞은편에 존재하는 추상적인 영역의 유신론이 무시되어 있다.

> 유신론을 범신론과 비교해서 설명하자면, "범신론이 신은 세계와 동일하다고 주장한다면, 유신론은 다만 신이 세계 안으로 개입해서 세계를 관통하고 세계를 지배한다고 말할 따름이다."[67]

따라서 크게 볼 때 범신론도 유신론과 마찬가지로 자신의 영역과 반대편의 영역을 의도적이든 무의식적이든 부정하고 있는 것이다. 이러한 근본적인 이론적 결함을 가지고 있는 한 원수를 사랑하라는 명제를 만족시킬 수 없는 것이다.

(1) 니체와 '신은 죽었다!'

니체는 다음과 같이 말했다.

> 나는 쓸모없는 인간들이 말하는 그런 하늘을 좋아하지 않는다. 나는 천국의 그물에 걸려든 이 동물들을 조금도 좋아하지 않는다.[68]

---

67) J. 헤센, 『종교 철학의 체계적 이해』, 허재윤 역, 서광사, 1995년, 291쪽.

니체는 천국이라는 개념을 부정하고 그 개념의 포로가 된 사람들을 동물로 표현한다. 즉 양 떼라는 가축으로 격하시켜 버리는 것이다. 그는 보다 자세하게 이렇게 말했다.

> 모든 신은 죽었다. 이제 우리는 초인이 살기를 원한다.[69]

> 들어라. 나는 그대들에게 초인에 대하여 가르치노라!
> 초인은 대지를 의미한다.[70]

니체는 대지를 긍정하여 초인으로 상징하고, 하늘을 부정하여 신으로 상징했다. 즉 그는 유일신의 영역인 하늘을 부정하고 땅을 긍정한 것이다. 유신론의 입장에서 볼 때 분노를 일으키게 하는 말이지만 자세히 보면 그의 주장은 단지 땅, 즉 자연이 곧 신으로 설정되는 범신론적 사고의 틀과 유시하다.

그러나 실제 범신론인 인도의 여러 종교나 중국의 도교는 니체처럼 유일신이 죽었다고 말하지 않는다. 범신론자들은 자연을 신으로 생각할 뿐 유일신이 존재한다는 사실 자체를 알지 못한다. 그럼으로써 그들은 알지 못하는 가운데 유신론을 부정하고 묵살하고 있다.

예수가 말한 원수를 사랑하라는 말은 도저히 하나가 되지 못한 극단적인 상대방을 이해하고 소통하고 통합하라는 말이다. 따라서 예수가 원수를 사랑하라고 한 말은 니체처럼 대지와 하늘이라는 양극단에서 유일신

---

68) 니체, 『차라투스트라는 이렇게 말했다』 사순옥 역 홍신문화사 1999년, 87쪽.
69) 앞의 책, 98쪽.
70) 앞의 책, 13쪽.

의 영역인 하늘을 부정하고 땅만을 의도적으로 인정하는 방식과는 근본

적으로 다르다.

20. 범재신론汎在神論과 '원수를 사랑하라!'

예수의 신학과 범재신론의 다른 점은 크게 두 가지이다. 그 하나는 예수의 신학은 양극단을 통합하여 생명의 과정을 진행시키는 대단히 적극적인 신학이다. 그러나 범재신론은 양극단을 하나의 전체 안에서 보는 매우 소극적인 입장이다.

둘째는 신의 위치이다. 범재신론의 경우 신 안에 내가 있다는 것이다. 그러나 예수의 복음에서는 내 안에 신이 있다고 확정짓고 있다. 예수가 제시한 신의 위치는 범재신론과는 근본적으로 다른 차원의 사고의 틀을 제시한 것이다.

(1) 통합적인 예수의 신학과 범재신론의 차이

범재신론은 만유 재신론이라고 하기도 한다. 캅은,

> 실제적으로는 만유 재신론은 전통적인 유신론과 범신론의 중심적인 관점에 대한 종합[71]

이라고 주장한다. 여기서 말하는 종합은 양극단을 통합하는 것과는 전혀 다른 개념이다. 이는 양극단을 하나의 전체 안에 대립하는 상태로 느슨

---

71) 존 B. 캅, 『과정 신학과 목회 신학』, 이기춘 편역, 대한기독교출판사, 1983년, 61쪽.

하게 묶는 정도라고 보아야 할 것이다.

통합은 한철학과 한신학에서만 가능한 것이다. 이는 예수가 말하는 '원수를 사랑하라'는 적극적인 통합의 방식이다. 범재신론의 종합으로는 도저히 설명될 수 없는 강력한 방식이다.

21. 공사상空思想과 '원수를 사랑하라!'

나가르주나(150~250경)[72]는 '불교의 위대한 학자, 세기적 철학자, 논리학자, 그리고 제2의 붓다라고 칭송받는'[73] 인물이다. 또 대승불교의 아버지[74], 대승불교의 제1인자[75], 대승의 최초의 논사論師[76], 대승불교 각 종파의 시원[77]으로 말해지기도 한다. 그는 명실 공히 대승불교의 설립자라고 할 수 있다.

(1) 예수와 공사상

공사상은 다음과 같이 설명될 수 있다.

붓다는 상주론(常住論 : sasvata-vada)이나 단멸론(斷滅論 : uccheda- vada), 또는 긍정과 부정의 평범한 대립을 독단론과 비판론 간의 더욱 근본적인 대립으로 대체시켰다. 이것이 바로 중도적 입장(madhyama pratipad)이다. 그러나 이것은

---

72) 무르띠, 『불교의 중심 철학』, 김성철 역, 경서원, 1999년, 676쪽.

73) 쟈야데바 싱, 『용수의 마디아마카 철학』, 김석진 역, 민족사, 1987년, 21쪽.

74) 무르띠, 『불교의 중심 철학Central Philosophy of Buddhism』, 김성철 역, 경서원, 1999년, 676쪽.

75) 한정섭, 『불교 개설』, 불교통신교육원, 2000년, 344쪽.

76) 길희성, 『인도 철학사』, 민음사, 1989년, 137쪽.

77) 김경재, 『이름 없는 하느님』, 삼인, 2002년, 199쪽(나가르주나, 『中論』, 황산덕 역해, 서문당, 1976년, 25쪽).

공사상은 양극단을 모두 파기한 무입장의 입장을 말한다. 이것이 곧 중도적 입장으로써 나가르주나의 공사상, 즉 중관 불교라는 것이다.

따라서 나가르주나의 경우 원수를 사랑하라는 말은 성립할 수 없다. 왜냐하면 나가르주나의 경우 나와 원수는 모두 부정되기 때문이다. 원수도 은혜도 모두 무상한 것이기 때문이다. 즉 원수와 은혜를 파기한 무입장의 입장이 공사상이기 때문이다.

이 공사상은 철학에서는 대단히 독창적인 사고의 틀을 제시한 것이다.

(2) 공사상과 새로운 철학

서양 철학자들은 헤겔과 마르크스의 등장 이후 잠시 동안 그들에게 취해 있었다. 그러나 그것도 잠깐일 뿐 사람들은 헤겔과 마르크스가 칸트의 벽을 넘지 못하였음을 바로 깨달았다. 결국 신칸트학파 이래 철학은 다시 칸트를 어떻게 극복하는가 하는 문제로 되돌아온 것이다.

20세기 최대의 철학자 화이트헤드와 하르트만은 이 지점에서 자신들의 학문을 일으켰다. 화이트헤드는 학생 시절 칸트의 순수 이성 비판을 줄줄 외우다시피 했고, 그의 주저인 『과정과 실재』에서 자신의 "유기체 철학은 칸트 철학의 전도이다."79)라고 밝혔다. 전도顚倒란 뒤집은 것으

---

78) 앞의 책 104쪽.

로서 이는 칸트가 제시한 사고의 틀을 전혀 바꾸지 못했음을 말한다. 화이트헤드와 종종 비교되는 위대한 철학자 하르트만이 신칸트학파 출신인 것은 이상할 것이 전혀 없다.

우리나라에서도 1980~1990년대 이후 새롭게 등장한 학자들에게서 칸트를 극복하려는 움직임은 강렬한 것이 있었다. 그 대상으로 공사상은 당시 진취적인 학자들에게 큰 영향을 준 것이다.

대승불교의 설립자 나가르주나의 공사상은 명백하게도 칸트의 양극단의 대립시키기와 차별되는 양극단의 파괴라는 새로운 사고의 틀을 제공한 것이었기 때문이다.

서양 철학 2,500년의 철학사에서 전혀 나타난 바가 없으며 칸트와는 전혀 다른 공사상이라는 사고의 틀은 신진 학자들이 큰 기대를 걸게 하기에 충분한 것이었다.

우리나라의 1980~1990년대 당시 진취적인 학자들이 공사상을 통해 아직 아무도 넘지 못한 칸트의 벽을 넘어 새로운 학문적인 성취를 이루려는 희망을 갖는 것은 당연한 것으로 볼 수 있다.

우리나라의 저명한 김상일은, "한과 공空, 그리고 한과 무無는 같다."[80]고 하여 한겨레의 핵심 정신인 '한'을 공空과 무無로 설명하고 있다.

그리고 유명한 김용옥의 기 철학에서 말하는 기氣는 곧 나가르주나의 공空과 서로 상통하는 점이 발견된다. 즉 김용옥은,

---

79) 화이트헤드, 『과정과 실재』, 오영환 역, 민음사, 2001년, 191쪽.
80) 김상일, 『현대 물리학과 한국 철학』, 고려원, 1991년, 242쪽.

기 철학은 몸 철학이며 몸 철학은 기 철학이다. 몸은 기의 유기체적 단위이며, 몸은 기를 통해서만 자기를 실현한다.[81]

라고 말하면서, "기氣는 몸과 마음을 모두 포기하는 것[82]"이라고 주장했다. 그리고 여기서 말하는 포기란,

그 포기는 마인드와 보디라는 개념 그 자체의 근원적인 파기破棄를 의미하는 것이며, 바로 그 파기로부터만 새로운 언어가 탄생되는 것이다. 새로운 언어의 탄생이란 곧 문제 의식의 구조적 전환을 의미하는 것이다. 바로 이러한 파기와 포기 속에서만 내가 말하는 '기氣'라는 개념이 새로 샘솟아 오를 수 있는 것이다.[83]

고 주장한다. 김용옥은 여기서 몸과 마음을 놓고 논의를 전개하고 있다. 이는 지금까지 인류가 만든 사고의 틀 네 가지인 몸이 마음을 따르거나, 몸이 마음을 따르거나, 몸과 마음의 신비한 일치를 가정하거나, 몸과 마음 양쪽 모두를 파괴하거나 중 하나를 선택하겠다고 밝히는 것과 같은 맥락에서 생각할 수 있을 것이다.

그의 선택은 마음과 몸이라는 개념 그 자체를 파기破棄하고 포기抛棄한 속에서 출현하는 것임을 미루어 짐작할 수 있다. 즉 그가 말하는 기氣는 마음과 몸이라는 개념 그 자체를 파기破棄하고 포기抛棄한 속에서 출현하는 것임을 알 수 있다. 그가 말하는 기氣는 양극단을 파기하고 포기한 다

---

81) 김용옥, 『태권도 철학의 구성 원리』, 통나무, 2003년, 39쪽.
82) 앞의 책, 45쪽.
83) 앞의 책, 45쪽.

154

음에 출현하는 공空이 의미하는 무입장의 입장으로서의 공空과 맥락을 같이하는 것으로 보인다.

이 두 학자의 예만 보아도 그동안 우리나라에서도 철학의 분야에서 치열한 실험이 전개되고 있었던 것임을 충분히 알 수 있는 것이다. 하지만 양극단을 통합함으로써 칸트를 완전무결하게 극복할 수 있음을 생각한 학자는 없었다.

22. 한신론과 '원수를 사랑하라!'

한신론에서 가장 중요한 영역은 도저히 양립할 수 없는 양극단을 하나로 통합하는 영역이다.

영육통합론靈肉統合論은 생명의 과정이라는 지금까지 그 누구도 철학과 신학에서 상상도 하지 못했던 무궁무진한 영역에서 시작의 영역을 이룬다는 점이다.

양극단의 경계면에는 양극단을 소통하고 통합하는 영역이 있다. 이는 실로 철학과 신학의 새로운 시대를 여는 결정적인 역할을 하고 있다. 놀랍게도 예수의 '원수를 사랑하라!'는 복음이 바로 이 결정적인 영역을 설명하고 있는 것이다.

우리 한겨레는 이미 단군의 성경聖經인 천부경과 삼일신고와 366사에

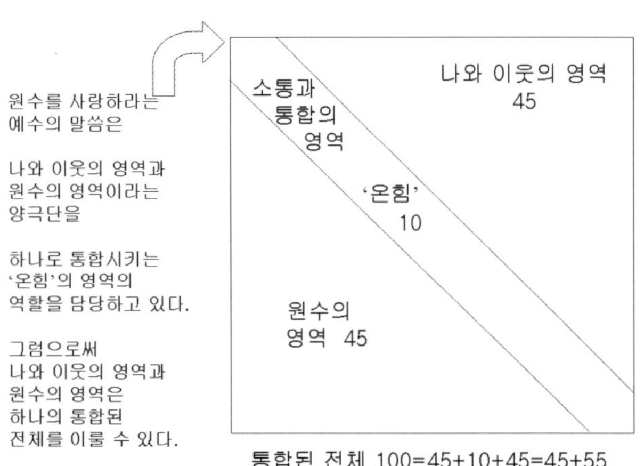

내장된 한철학과 한신학에서 이 온힘의 영역을 기본적으로 사용한다.

즉 나와 이웃이라는 영역과 원수라는 영역을 통합하기 위해서는 그 경계면에 온힘이라는 영역이 필요하다. 예수의 말씀은 바로 이 영역을 활성화하여 양극단을 하나의 통합된 전체로 만들라고 이해할 수 있는 것이다.

도저히 양립할 수 없는 양극단의 영역을 하나로 소통하고 통합하는 일에 있어서 원수를 사랑하라는 말보다 더 큰 설득력을 가진 말을 찾기는 쉽지 않다.

즉 당연히 사랑할 이웃은 물론 원수도 또한 사랑함으로써 이웃과 원수를 통합하여 보다 큰 통합체를 이루는 것을 의미한다. 여기서 통합된 전체 100=원수의 영역 45+온힘의 영역 10+나와 이웃의 영역 45로 설명될 수 있다. 결국 원수를 사랑하는 온힘의 영역을 활성화하는 주인공은 나와 이웃의 영역이다. 따라서,

전체 100=원수의 영역 45+(온힘 10+나와 이웃 45)=45+55

이다. 즉 이 관계는 '한의 제1 법칙 100=45+55'라는 간단한 수식으로 표현할 수 있다. 이 수식은 앞으로 모든 생명의 과정을 설명하는 일에 기본이 된다.

예수의 '원수를 사랑하라'는 복음은 이처럼 간단한 수식으로 설명될 수 있다. 마찬가지로 우리 한겨레의 철학과 신학은 삼라만상의 모든 관계를 이와 같은 가장 단순한 수식으로 설명한다.

23. 서양 문명과 '원수를 사랑하라!'

　고대 인도의 아리안 족이 현 인도 지역을 정복하는 과정은 단군조선의 탄생 과정과는 반대되는 것이었다. 즉 아리안 족은 토착 민족을 정복하는 과정에서 철저하게 이원론적 방법론을 사용하여 토착민을 부정하고 그들을 노예화했다. 그럼으로써 인도는 아직까지도 카스트 제도라는 수직적인 양극화 사회 구조의 굴레를 벗어나지 못하고 있는 것이다. 이는 나의 반쪽을 원수를 만드는 자살적 사회 구조이다. 수많은 사상들과 진지한 수도자들이 무수히 인도에서 태어나고 수행했지만 한 번 잘못 길들여진 악습을 혁파하는 일에는 수천 년 동안의 모든 노력이 무효였던 것이다.

　인도와 유럽인은 인도·유럽어족으로 통칭된다. 유럽인들이 만든 서양 문명은 인도인과 마찬가지로 뚜렷하게 원수를 만드는 문명으로 보인다. 그들은 기독교 문명이라고 주장하지만 아무래도 예수의 '원수를 사랑하라!'는 그 진리를 전혀 따르지 않은 것 같다.

　인간에게는 짐승에게 없는 신성神性이 있지만 그 어떤 짐승보다 더 잔혹한 야수성野獸性이 내재되어 있어 언제든 밖으로 튀어나올 준비가 되어 있다. 이원론은 그 야수성을 극단적으로 폭발시킨다. 그러나 그 야수성을 잠재우고 신성을 극대화하는 방법론이 곧 자살적인 이원론의 악순환을 끊고 양극단을 통합하여 이원론을 잠재우는 신학이며 철학이다.

　우리는 먼저 서양 문명에서 원수를 사랑하라는 내용을 살펴보고 그

다음 우리 한겨레 공동체에서 일어난 원수를 사랑하라는 내용을 살펴
보자.

(1) 아프리카 흑인 납치와 세습 노예화

아프리카의 흑인들은 1,200만에서 1,500만 명 정도가 강제 이주되었
다.[84] 그리고 아메리카에서 4,000만 명이나 되는 흑인의 목숨을 앗아 갔
다.[85]

가나 아치모타대학의 훼지 교수는 아프리카에서 끌려간 노예의 수를
세기별로 계산된 통계를 통해 보다 자세한 사정을 말해 준다. 즉,

16세기 90만 명, 17세기 275만 명, 18세기 400만 명, 19세기 700만 명, 계
1,465만 명[86]

이라는 것이다. 미국의 흑인 사상가 듀보이스는 이렇게 말한다.

유입된 노예 다섯 명 중 평균 한 명의 니그로가 항해 도중 또는 아프리카에
서 죽은 것으로 보인다. 즉 노예 무역에서 적어도 6천만 명의 니그로가 고
향에서 사라졌다고 보아야 할 것이다.[87]

---

84) 장 메이메, 『흑인 노예와 노예 상인』, 지현 역, 시공사, 2002년, 21쪽.
85) 하워드 진, 『오만한 제국』, 이아정 역, 당대, 2001년, 11쪽.
86) 와다히키 히로시, 『세계 역사의 큰 줄기 작은 줄기』, 이희건 · 이선아 역, 가서원, 1994년,
137쪽.
87) 앞의 책, 137쪽.

그리고 상품인 흑인 노예를 한 명이라도 더 배에 실기 위해 콩나물시루가 되어야 했던 항해 도중 지옥같이 끔찍한 노예선에서 고통 속에 죽어 간 흑인은 무려 150만에서 200만 명에 달했다.[88]

사회학자 프랜시스 후쿠야마는 미국의 노예 제도가 흑인들이 스스로 공동체를 운영할 능력을 빼앗아 감으로써 흑인들이 자립할 가장 중요한 기반을 파괴했다고 주장한다.

> 미국의 노예제는 흑인의 개인적 존엄성만 박탈한 것이 아니라 협동 행위를 어렵게 만듦으로써 사회적 응집력마저 박탈한 것이다. 북미 노예 제도는 검약, 금전 관리, 기업심 따위의 동기를 키워 주지 못했다. 서인도 제도의 영국 노예제는 비록 극도로 가혹하기는 했지만, 미국의 경우에 비해 훨씬 많은 아프리카 토속 문화를 그대로 남겨 두었고 기존 사회 집단을 원자화하지 못했다.[89]

미국의 노예 제도는 흑인들이 가지고 있는 미래에 대한 가능성마저도 부정하고 박멸해 버린 것이다. 이처럼 뻔뻔하고 야비한 야수가 지구상에 존재한 적이 있었던가? 이처럼 인간성을 무참하게 유린한 야수가 지구상에 또 있었던가? 인간이란 놀라울 정도로 무섭고 흉악한 야수일 수 있다는 사실을 흑인을 납치하여 노예로 부려 먹은 백인처럼 분명하게 증명할 수는 없을 것이다. 바로 이것이 하나의 인종이 대립하는 다른 인종을 부정하고 박멸하는 자살적 이원론인 것이다.

---

88) 앞의 책, 57쪽.
89) 프랜시스 후쿠야마, 『트러스트』, 구승회 역, 2001년, 391쪽.

이것이 '원수를 사랑하라!'인가? 원수를 사랑하라는 예수의 가르침의
의미를 알았다면 도저히 할 수 없었던 일이다.

(2) 아메리카 원주민의 대학살

오늘날 피쿼트 족은 어디에 있는가? 내러갠싯 족, 모히칸 족, 포카노켓 족,
그 밖에도 수없이 많던 강대한 부족들은 모두 어디로 갔는가? 여름의 태양
을 만난 눈처럼 그들은 모두 백인의 억압과 탐욕 앞에서 사라져 갔다.
그러면 이번엔 우리 차례인가? 위대한 정령(The Great Spirit)이 주신 정든 땅
과 집, 그리고 조상의 무덤을 그냥 포기해야 할 것인가? 싸워 보지도 않고
서 소중하고 성스러운 것들을 포기하고 몰살당해야 하겠는가? 여러분들도
나와 똑같이 외치리라. "절대로, 절대로 안 된다."90)
– 소니 족의 테쿰세

우리 한국인들은 이 아메리카 원주민의 피맺힌 절규의 의미를 잘 안
다. 우리도 똑같이 당해 보았기 때문이다.

콜럼버스가 산살바도르 해안에 발을 들여놓은 지 10년이 못되어 모든
부족 수십만 명이 몰살을 당했다.91) 콜럼버스의 발은 부정성의 위력과
박멸의 의지의 살아 있는 상징이었던 것이다.

콜럼버스의 정복과 지배가 얼마나 가혹한 것이었는지는 그가 이곳을 통치
하고 있던 1493년에서 1496년까지 3년간 300~400만으로 추정되는 에스파

---

90) 디 브라운, 『나를 운디드니에 묻어 다오』, 최준석 역, 나무심는 사람, 2003년, 15쪽.
91) 앞의 책, 17쪽.

놀라 섬 주민의 3분의 2가 생명을 잃었다는 사실에서 여실히 드러난다. 섬의 인구는 1509년 4만 명, 1511~1512년에 2만 명, 1514년에는 1만3천~1만 4천 명으로 줄었다. 그리고 1518~1519년에는 겨우 천 명의 인디오가 살아 남았을 뿐이다.[92]

콜럼버스의 친구이자 도미니크회 신부인 바스톨로메 데 라스 카사스는 1541년 스페인의 국왕 카를로스 1세에게 보고서를 제출하여 잔학한 인디오 정복을 중지할 것을 호소하였다. 우리는 이러한 훌륭한 인물들에 의해 다음과 같은 진실을 알게 되는 것이다.

폭압적이며 극악무도한 소행 탓에 남녀, 어린이 모두 합쳐 1,200만 명 이상이 잔학하고 비도덕적으로 살해당했다는 것은 분명한 사실이다. 그뿐만 아니라 1,500만 이상의 인디오가 희생되었다고 하더라도 그것이 진정 거짓이 아니라고 생각한다. (그 주요 수법 중의)하나는 부정하고 잔혹하며 피비린내 나는 폭압적인 전쟁에 의한 것이다. 또 어떻게 해서든 신체의 자유를 되찾으려는 영주나 용감한 남성들을 전부 살해하고 살아남은 사람들을 노예로 부려 지난날의 인간을 짐승보다 못한, 더할 수 없이 가혹하여 끔찍스러울 정도로 견딜 수 없는 상태로 몰아넣어 탄압하는 방법이다.[93]

라스 카사스는 콜럼버스에 의해 서인도제도 등에서는 폭압적이며 극악무도한 소행 탓에 남녀, 어린이 모두 합쳐 1,500만 이상의 인디오가

---

92) 와다히끼 히로시, 『세계 역사의 큰 줄기 작은 줄기』, 이희건 · 이선아 역, 가서원 1994년, 231쪽.
93) 앞의 책, 233쪽.

희생되었다고 하더라도 그것이 진정 거짓이 아니라고 생각한다고 썼다.

아메리카 원주민들이 얼마나 많이 학살되었는지는 기록조차 없어 알수 없지만 우리는 이 정도만으로 전체의 학살 규모를 미루어 짐작할 수 있다. 이들 백인들이야말로 그 어떤 짐승도 보여 줄 수 없는 야수성을 적나라하게 보여 주었다. 이와 같이 하나의 인종이 대립하는 다른 인종을 부정하고 박멸하는 자살적 이원론이야말로 인간은 이렇게 극악무도한 야수라고 역사를 향해 있는 힘을 다해 외치고 있는 것이다.

이것이 과연 서양 기독교 문명에서 가르친 '원수를 사랑하라!'인가? 원수를 사랑하라는 예수의 가르침의 의미를 알았다면 도저히 할 수 없었던 일이다.

(3) 마녀사냥

마녀사냥, 수백만의 죄 없는 여성들이 유럽과 미국에서 마녀재판에 의해 마녀로 몰려 화형당하고 그들의 재산을 약탈당했다.

그러나 희생된 그 많은 희생자 중 빗자루를 타고 하늘을 날며 악마와 계약을 하거나 성교를 했던 마녀가 단 한 명이라도 있었을까? 전혀 아닌 것이다.

1484년 12월 5일자 마녀재판에 관한 로마 교황 인노켄티우스 8세의 장문의 법황 교서에서 발췌한 아래의 내용은 로마 교황이 파견한 이단 심문관이 자유롭고 강력하게 마녀재판을 실행할 수 있도록 각지의 주교에게 협력을 요청하고 있는 기록이다.

요즘 북부 독일 라인 강 유역에서 많은 남녀가 가톨릭에서 벗어나 마녀가 되어 남색마, 여색마에게 몸을 맡겨서 여러 가지 불길한 요술을 부려 전답의 작물과 과실을 썩히고, 태아와 가축의 새끼를 죽였으며, 사람과 가축에게 고통과 병마를 주고 남편은 성 불능, 아내는 불임이 되는 등 많은 사람들에게 재앙을 주고 있는 것에 우리는 크나큰 슬픔과 고통을 느낀다.

우리의 사랑하는 아들들, 즉 도미니크 수도회의 신학 교수인 하인리히 크라메르와 코브 슈프렝게르는 교황의 교서에 따라 그 지방의 이단 심문관으로 파견되어 현재 그 직책을 맡고 있다. 그런데도 그 지역의 성직자와 관리들은 마녀의 죄의 중대성을 지각하지 못하고, 두 사람에게 충분한 협조를 하지 않는 탓에 그들의 임무 수행이 저해되고 있다.

그래서 우리는 그 심문관이 자유롭게 모든 방법을 동원하여 어떤 사람이라도 교정시키고, 투옥시키고, 처형하는 권한을 가져야 한다는 것을 명한다.[94]

마녀재판으로 처형된 여자들은 1484년 로마 교황 인노켄티우스의 교서 발표 이후 30만 명이라는 설과 900만 명이라는 설[95] 등이 있어 어느 것이 옳은지 알 수 없다. 하지만 대체로 수백만이라고 말하고 있다.

1602년 부르고뉴 상크로드 지방의 최고 재판장인 앙리 보게의 마녀론의 권두 헌사와 서문을 발췌한 내용을 보자.

프랑스에 가까운 나라들만 둘러보았는데도 모든 나라가 저 불길한 마녀의 비참하고 해로운 독에 감염되어 있음을 알 수 있습니다.

---

94) 오리시마 쓰네오, 『마녀사냥』, 조성숙 역, 현민시스템, 1998년, 8~9쪽.
95) 앞의 책, 194쪽.

독일에서는 마녀를 불태운 화형 기둥을 세우는 데 쩔쩔매고 있는 실정입니다. 스위스에서는 마녀 때문에 전멸된 마을이 많이 있습니다. 로렌느(프랑스 동북부)를 여행하는 사람은 마녀를 붙들어 매는 형틀을 수없이 발견하게 될 것입니다. 우리 부르고뉴 지방(프랑스 중동부)도 예외가 아니어서 마녀 처형이 일상적인 일이 된 지역이 많이 있습니다. 그리고 사보아(프랑스 남동부)도 이 악질 전염병을 피하지 못했습니다.

매일매일 나라에서 이 고장으로 보내는 마녀는 수를 헤아릴 수 없으며, 그 동안 우리가 이 지역에서 불태운 마녀는 사보아에서 온 마녀였습니다. 프랑키아(파리 주변 지방)는 어떻습니까? 샤를르 9세 때(1550~74년)에 트로와 제세르(당시의 처형리)가 말한 대로 프랑키아에만 30만의 마녀가 있다는 것이 진실이라면, 프랑스의 마녀가 완전히 제거되었다고는 믿을 수 없습니다. 더 먼 나라들의 일은 말씀드리지 않습니다. 아니, 어느 지방이든지 수천 수만의 마녀가 벌레처럼 지상에 끊임없이 퍼지고 있는 것입니다

우리에게 한 가닥 인정이 있고, 인간이라 불릴 만한 가치가 있다면, 이들 마녀를 벌하지 않고서는 못 견디는 것이 자연스럽지 않습니까? 어느 로마 황제가 로마인 전부를 단 한 방에 모두 죽여 버리고 싶다고 했던 것처럼, 저도 모든 마녀를 한 다발로 만들어 단 한 번에 불태워 죽였으면 하고 생각합니다.[96]

그는 종교라는 명분 안에 이 같은 야만성과 잔학성, 그리고 인간이 가진 원시적 감정을 마음껏 발산하고 있다. 참으로 이원론은 무서운 것이다.

---

96) 앞의 책, 9쪽.

칼 세이건은 잔 다르크의 화형에서 나타난 인간이기를 거부하는 혐오스러운 실태를 다음과 같이 공개함으로써 역사 앞에 고발하고 있다.

아름다운 여자들은 언제나 화형에 처해졌다. 강한 성욕과 여성 혐오의 요소들이 있었다. 성적으로 억압된 남성 지배 사회에서 명목상 독신인 성직자 계급 출신의 종교 재판관에게 기대할 수 있는 그대로이다. 재판은 악령 또는 악마와 피고의 성교라고 가정하는 것에서 오르가슴의 질과 양에, 그리고 악마의 신체 기관의 본성에 철저한 관심을 기울였다. 루도비코 시니스트라리의 1700년 책에 따르면 악마의 표시는 일반적으로 가슴이나 은밀한 생식기 부분에서 발견된다.

결국 전적으로 남성 종교 재판관들이 피고의 음모를 깎고 생식기를 세심하게 조사했다. 스무 살의 잔 다르크를 화형시킬 때, 루앙의 사형 집행인은 그녀의 옷에 불을 붙인 다음 불을 끄고 구경꾼들이 여자 안에 있을 수 있는, 또한 반드시 있는 모든 비밀을 볼 수 있게 했다.97)

인간이 인간을 부정하고 학대하고 싶어하는 원시적 감정이 이 시대에는 이처럼 무제한으로 이루어졌다. 특히 남성 종교인의 억눌린 성욕이 여성을 이렇게까지 잔혹하게 짓밟은 것이다.

이 마녀사냥에서 남성 종교인이 여성을 부정하고 박멸한 그 잔혹한 일에는 여성이 가진 물질적인 재산에 대한 강렬한 탐욕도 결정적으로 큰 역할을 하고 있는 것이다. 한 무고한 희생자는 이런 기록을 남겼다.

---

97) 칼 세이건, 『악령이 출몰하는 세상』, 이상헌 역, 김영사, 2001년, 143쪽.

당신들이 바라고 있는 것은 내 몸과 내 혼을 망치게 하는 것뿐만 아니라 내 집, 내 재산 일체를 빼앗는 것일 것이다.[98]

성직자聖職者들은 아무 죄 없는 여성들을 마녀로 몰아 불태워 죽이는 것에 그치지 않고 야비하게도 그 여성들의 재산까지 빼앗은 것이다.

이 성직자들은 여성을 아끼고 사랑한다는 개념이 무엇인지조차 모르는 사람들이다. 이는 남성이 그 반대편에 대립하는 여성을 가장 야비하고 무자비한 방법으로 부정하고 박멸한 자살적 이원론의 대표적인 사례일 것이다. 과연 이것이 서양 문명의 '원수를 사랑하라!'는 가르침이었던가? 이 역시 원수를 사랑하라는 예수의 가르침의 의미를 알았다면 도저히 할 수 없었던 일이다.

(4) 유대인의 대학살

히틀러는 유태인에 대하여 다음과 같이 말한다.

항상 다른 민족의 체내에 사는 기생충일 뿐이다. 더구나 그들이 종종 지금까지 살고 있던 생활권을 방기한 것은 자의에서가 아니라 추방당했기 때문이다. 그들은 때때로 악용한 모체인 민족에 의하여 추방당했다. 유태인은 자기가 일단 점거한 지역은 절대로 다시 비우려 하지 않고 앉은 자리에 머무르며, 더구나 폭력에 의하여 겨우 추방할 수 있을 만큼 완고한 것이다. 이처럼 유태인은 다른 민족의 국가 속에 생활하며 거기서 자신의 국가를 형

---

98) 오리시마 쓰네오, 『마녀사냥』, 조성숙 역, 현민시스템, 1998년, 145쪽.

성하고 있는데, 이 국가는 물론 외면적인 사정이 그 본질을 낱낱이 폭로해 보이지 않았던 동안에는 종교 공동체라는 명칭 아래 가장해서 행동하는 것이 보통이었다.[99]

유럽인들은 유태인의 부가 자신들의 것을 착취한 것이라 생각할 것이다. 이 좁혀지지 않는 간격이 대대적으로 충돌한 것이 곧 히틀러의 국가 사회주의 체계의 유태인 대학살일 것이다.

1941년 10월부터 독일 제국 철도의 강제 이송 열차들이 움직였고, 목적지는 처음에는 우지아 기가의 게토들이었고, 다음은 테레지엔슈타트와 동부의 절멸 수용소로 가는 중간 수용소들이었다. 반제 회의에서 제출된 프로그램의 상당 부분이 바로 이곳 동부 수용소에서 실현되게 된다. 6백만 명의 유태인들(이보다 많으면 많았지 적지 않다)이 유태인 문제의 최종 해결의 과정에서 살해되었는데, 1939년에서 1941년까지 폴란드와 소비에트, 그리고 유고슬라비아 영토의 점령 기간에는 거의 공공연한 대학살, 1941년 말에서 1944년 말까지는 특수 건축된 절멸 수용소인 헤움노(클름호프), 아우슈비츠-비르케나우, 베우제츠, 소비부르, 트레블링카, 루블린-마이다네크에서 점점 더 완벽한 형태로 살해되었다.[100]

6백만 명의 유태인이 국가 조직에 의해 대량으로 학살되었다는 사실은 인종 문제를 넘어서는 것이다. 이는 인간에 대한 부정성의 위력이며 박멸의 의지이다.

---

99) 히틀러, 『나의 투쟁』, 이명성 역, 홍신문화사, 1988년, 137쪽.
100) 볼프강 벤츠, 『홀로코스트』, 최용찬 역, 지식의 풍경, 2002년, 26쪽.

그러나 히틀러의 제3 제국도 기독교 문명의 일원이었다. 그 국가 안에서 일어나는 모든 종교 행위는 다른 기독교 국가와 다를 것이 없었다.

디트리히 본회퍼와 같은 진실한 신학자가 끝까지 저항하다가 마침내 사형을 당했지만 대부분은 침묵했다.

도대체 어떤 짐승이 동족을 이렇게 대량으로 무자비하게 학살하는가? 이것이 과연 '원수를 사랑하라!'인가? 도대체 서양인들은 지난 2,000년간 예수에게서 무엇을 배웠는가?

서양인들이 역사를 통해 저지른 이원론적인 야만스러운 행동들은 다른 무엇보다 인간으로 볼 때 인간으로서 부끄러운 일이 아닐 수 없다. 모든 문제의 근원에는 양극단을 분리하여 인간의 깊은 곳에 잠재한 잔혹성이 극단적으로 드러나도록 만드는 자살적 이원론이 있는 것이다.

서양인들의 문제는 예수가 무려 2,000년 동안 양극단의 통합을 복음서를 통해 가르쳐 왔지만 그 진리를 전혀 인식하지 못하고 이처럼 야수적이고 야만적인 이원론적 행동을 했다는 사실에 있다.

칼이 아무리 날카로워도 그 칼로 그 칼의 칼등이나 손잡이를 자를 수는 없다. 마찬가지로 서양인들의 이원론적 문제는 그들 자신의 정신적 능력으로는 해결할 수 없다. 그들의 문제는 이원론으로 분리된 양극단을 통합하여 생명의 과정을 진행하는 우리 한겨레문명의 한철학과 한신학의 도움을 절실하게 그리고 시급히 필요로 하는 것이다.

24. 한겨레 문명과 '원수를 사랑하라!'

한겨레는 그 장대한 역사를 이끌어 오면서 양극단의 통합은 항상 그 바탕을 이루어 왔다. 우리 한겨레의 역사에서 '원수를 사랑하라'는 그야말로 일반적인 상식이었다.

우리 한겨레는 서양인들과 근본적으로 다른 사고의 틀을 가지고 있다. 그들 인도·유럽어족들은 대립하는 상대방을 무조건 부정하고 또한 죽이는 것이 역사에서 일상사였다.

그러나 우리 한겨레는 처음부터 대립하는 상대방과 역동적으로 통합함으로써 거대한 하나가 되어 생명의 과정을 진행했다. 이는 서양인들로서는 꿈에서라도 상상하지 못할 일이었다. 이 '원수를 사랑하라'는 한겨레의 장대한 역사에서 일상사로 일어나는 일이다.

그렇다면 우리 한겨레는 단일 민족이었던가? 우리는 단일민족이 결코 아니다! 우리 한겨레는 그 시작부터 통합 민족이었다.

어떻게 동일한 인간이 모여 사는 사회이면서 이토록 극단적으로 다를 수가 있는 것일까? 우리 한겨레의 역사에서 한웅족과 웅녀족의 통합, 고주몽과 소서노의 통합, 김수로왕과 허황옥의 통합이 모두 동일한 100=45+55의 통합을 설명한다. 또한 6·25때 전남 영암과 나주에서 좌우익 간의 충돌을 화해와 용서로 통합한 예도 살펴보자.

(1) 한웅족과 웅녀족의 통합

우리 한겨레가 지금에 이른 것은 통합이 가장 근본적인 원동력이 되었다. 대표적인 예가 배달국의 한웅족이 단군조선을 세울 지역에 사는 원주민인 웅녀족과의 만남에서 결혼을 통한 통합으로 단군조선이 탄생한 것이다. 즉 단군왕검檀君王儉은 이 역사적인 통합으로 인해 탄생한 분으로 우리 한겨레의 시조始祖가 된다.

이는 고대 사회에서는 대단히 놀라운 일이 아닐 수 없었다. 왜냐하면 인도·유럽어족 중 인도의 경우 아리안 족이 인도를 정복하며 원주민인 드라비다 족을 완전히 노예화했기 때문이다. 이것이 자멸적인 이원론이다. 그 결과 수천 년 동안 인도 사회는 내부적인 갈등이 잠재해 있어 그 발전을 막아 온 것이다.

또한 서양인들이 아메리카 원주민들을 대량 학살하고 그 땅을 빼앗고, 그 땅을 아프리카에서 납치해 온 흑인을 노예로 삼아 경작한 예를 보아도 알 수 있다. 그 결과 미국 등 아메리카 대륙의 나라들은 원주민인 인디언과 흑인 문제가 언제든지 치명적인 사회 문제로 불거져 나올 수 있는 잠재적인 폭발성을 가지고 있는 것이다.

이는 모두 통합하여 크게 하나가 되어야 할 상대를 원수로 만든 것이다. 원수를 사랑하라는 예수의 가르침의 의미를 알았다면 도저히 할 수 없는 일인 것이다.

단군조선은 선진 문명인 한웅족이 토착 민족인 웅녀족과 결혼을 통해 통합함으로써 강력한 나라를 이룰 수 있었던 것이다. 그 결과 단군조선은 원수를 만드는 자살적인 이원론의 악순환을 그 시작에서 미리 제거하여 내부적인 문제 없이 발전할 수 있는 통합력을 보유할 수 있게 된 것이다. 또한 이 통합력이 한겨레의 사고의 틀을 형성하게 함으로써 만난을 극복할 강력한 능력을 가지게 되어 우리 한겨레의 역사가 종말을 맞지 않고 영원히 지속할 수 있게 만든 것이다.

이 같은 점에서 단군조선의 창업에 사용된 통합 철학은 실로 전 세계의 역사에서 유래를 찾기 어려운 시대를 뛰어넘는 문명성을 말해 준다.

인도·유럽어족들에게는 당연히 대부분 죽이고 나머지는 노예로 삼아야 할 원수를 우리 한겨레는 자신과 같이 사랑한 것이다. 그 사랑을 통해 하나로 통합하여 거대한 나라로 만든 것이다. 이 통합으로 우리 한겨레가 탄생한 것이며 무려 반만 년 전의 일이다.

단군 왕검 이래 수천 년 후 예수가 태어나 '원수를 사랑하라!'고 했지만 서양인들은 그 명령을 조금도 따르지 않았다. 그러나 우리 한겨레는 서양인과 전혀 다르게 이미 역사를 시작하는 시작점에서부터 지금까지 원수를 사랑하며 역사를 운영해 왔고 또한 미래의 역사도 그렇게 운영해 나갈 것이다. 이것이 야만과 문명의 차이인 것이다.

(2) 고주몽高朱蒙(재위 B.C.37~B.C.19)과 소서노召西奴의 통합

우리 한겨레에게 단군조선만큼 놀라운 통합 사건이 또 있다. 그것은 단군조선의 후계 국가인 고구려가 창업되는 과정이 단군조선과 동일한 통합적 방법이었다는 사실이다. 부여夫餘의 왕자인 고주몽이 고구려를 세운 땅의 토착 민족의 세력가인 소서노와 결혼을 통해 통합하여 고구려를 창업하는 과정은 이원론을 극복한 단군조선의 창업 과정과 같다.

172

또한 소서노는 비류와 온조와 함께 백제를 세웠으니 고구려와 백제가 모두 이 통합과 연관이 있다. 결국 한웅족과 웅녀족의 통합으로 단군조선이 생겨나 우리 한겨레 모두에게 영향을 준 것과 마찬가지로 고주몽과 소서노의 통합은 우리 한겨레 전체에게 크나큰 영향을 준 것이다. 한겨레로서 이 통합과 무관한 사람은 단 한 사람도 없을 것이다.

그러므로 이 같은 통합 철학이 한겨레 모두의 심성에 강력하게 뿌리내려 있음은 자연스러운 일이 아닐 수 없는 것이다. 그리고 이 통합이 단군께서 전해 주신 성경聖經인 천부경과 삼일신고와 366사의 공통적으로 기본 바탕이 됨도 당연한 것이다. 우리 한겨레는 한겨레의 정신을 상징하는 경전들의 핵심 진리와 우리 한겨레가 이끌어 온 역사와 관습과 조금도 다르지 않고 일치하는 것이다.

또한 이 고주몽과 소서노의 통합 역시 예수가 태어나기 전의 일이다. 원수를 사랑하라는 예수의 말씀은 이미 예수가 태어나기 전부터 우리 한겨레에게는 이처럼 민족의 근본을 이루는 사상이 된 것이다.

(3) 김수로왕(재위 ?~B.C.199)과 허황옥의 통합

가야의 김수로왕과 인도 아유타국의 공주 허황옥의 국제결혼은 오늘날과 같이 세계가 하나가 된 국제화 시대의 눈으로 보아도 놀라운 사건이다. 이 역시 자살적인 이원론을 극복하여 통합을 실현한 예이다.

이 국제적 통합의 이야기는 마치 아라비안나이트의 이야기와 같이 환상적인 꿈의 세계로 사람들을 이끄는 매력이 있다.

그러나 이 이야기는 소설이나 설화가 아니라 실화이다. 이 국제적 통합이 가야에 어떤 영향을 미쳤는지는 잘 알려진 바 없다. 그러나 이 국제 결혼은 가야의 세력과 인도의 아유타국의 세력이 하나가 됨으로써 다른 세력들이 가지지 못한 강력한 국제적 영향력을 가지게 해주었을 것임에 틀림없다.

사실 고구려·백제·신라의 삼국 시대라는 말은 정확하지 않다. 가야를 포함한 사국 시대라는 말이 옳은 것이다.

가야의 힘은 이 같은 통합력에 있었음은 충분히 짐작되는 일이다. 가야가 고대 일본을 세우고 일본서기의 신대편(神代篇)에 소개된 신들의 고향인 고천원(高天原 : 다카마노하라Takamanohara)가 옛 가야국이 있었던 곳이라는 설은 유력해 보인다.

가야의 경우는 우리 한겨레가 가진 남다른 통합력을 다른 어떤 예보다도 잘 보여 주는 실례라고 할 것이다.

(4) 전남 영암과 나주의 좌우 충돌과 용서와 화해를 통한 통합

우리 한겨레의 고대 국가인 고조선과 고구려와 가야의 건국이 곧 통합으로 이루어진 것임을 살펴보았다. 즉 자살적인 이원론의 악순환 문제를 미리 극복하고 양극단의 통합을 통한 '원수를 사랑하라'는 한겨레의 기본 심성과 역사를 형성한 것이다.

이 진리는 우리 한겨레 공동체에서 그대로 적용되어 왔으며 지금도 여전히 적용되고 있다. 그 실제적으로 적용된 예로 전남 영암에서 6·25때 부모와 형제자매를 살해한 원수를 사랑으로 용서하여 이원론의 악순환을 미리 제거하고 양극단을 통합한 실례를 살펴보자.

174

뉴욕타임스 2008년 2월 17일자 아시아 태평양 판에서는 한국전쟁의 와중에 좌우익의 이념 갈등이 낳은 쓰라린 상처를 용서와 화합을 통해 극복하고 있는 전남 영암 구림마을을 소개했다.[101]

이 신문은 한국전쟁의 와중에 표출된 극단적인 이념 갈등으로 300여 명의 희생자가 나왔던 영암 구림마을의 주민이 최근 수년간 이념 갈등의 쓰라린 역사를 극복하기 위한 노력을 전개하고 있다고 전했다. 즉 구림마을의 역사를 소개하는 책 『호남 명촌 구림』에서 전쟁 당시 상황과 희생자들을 알리고, 당시 희생자들을 위한 합동 추모제를 열고 기념 공원을 만드는 등이 그것이다. 정부도 구림마을의 노력이 아직도 곪아 아물지 않고 있는 전쟁 상처와 더 나아가 남북한 간의 분열을 치료할 수 있는 모델이 될 수 있음을 언급했다.

그리고 이 신문에 소개된 내용으로 구림마을의 최재우(85)씨는 이제는 과거와 복수심을 묻어야 할 때라면서 양쪽 모두가 전쟁의 희생자였다는 것을 양쪽이 모두 인정하고 서로 용서를 함으로써 미래로 나아가야 한다고 말했다.

대한민국의 진실 화해를 위한 과거사정리위원회(진실화해위)는 전남 영암의 비극에 대해, "한국 전쟁을 전후로 전남 영암과 경북 안동에서 민간인 457명이 적대 세력과 군경에 의해 희생된 것으로 조사됐다."고 밝혔다.

영암 지역 적대 세력에 의한 희생 사건은 1949년 7월부터 1951년 5월까지

---

101) New York Times, By Choe Sang-Hun Published : Sunday, February 17, 2008 , From a brutal past, a South Korean village strives for reconciliation.

149명의 주민이 부유층이라거나 공무원, 기독교 신자라는 이유로 인민군과 지방 좌익에 의해 희생된 것이다.

희생자는 주로 20~40대 농민이었지만 일가족이 함께 몰살당한 경우 유아와 여성, 노인 등도 포함돼 있었고 대부분 흉기에 찔리고 둔기에 얻어맞아 숨졌으며 건물 안에 감금당한 채 불에 타 희생된 경우도 있었다.

'군경에 의한 영암군 희생 사건'은 1950년 10월부터 이듬해 3월까지 해군과 해병대, 경찰에 의해 최소 234명이 집단 희생당한 것으로, 비무장·무저항의 민간인을 무차별적으로 연행해 아무런 법적 절차 없이 살해한 것으로 조사됐다.102)

좌익이든 우익이든 희생을 당한 사람들 입장에 상대방은 부모 형제를 죽인 철천지원수이다. 그러나 전남 영암의 주민들은 과거 좌익과 우익의 어느 편이었던지 용서와 화해를 통한 통합을 추구하며 합동 위령비 건립 등의 사업을 공동으로 벌이고 있는 것이다.

인터넷 신문 프레시안에 의하면 위령비 건립 추진위원회 최영걸 부위원장이 소개한 선친 대원 씨(1986년 작고)의 경우, 용서와 화해의 정서를 보여 주는 대표적인 경우이다.

영걸 씨는 선친에게, "아버지는 할아버지가 돌아가시던 상황을 모두 지켜봤으니 할아버지를 불러낸 사람을 알지 않느냐?"고 물었으나 선친에게 돌아온 대답은, "그걸 네가 알아서 덕될 일이 없다. 나는 이미 그 사람 다 용서하고 잊어버렸다. 너희도 그런 문제에 더 이상 신경 쓰지 마라."103)는 것이었다.

<hr>

102) 박성민 기자, 연합뉴스, 2009-02-23.
103) 김창희 기자, 프레시안, 2006-11-20.

아버지를 죽음으로 몰고 간 현장에서 누가 아버지를 불러내 죽였는지를 직접 눈으로 본 입장에서 아버지를 죽음으로 끌고 간 그 원수를 용서한 것이다. 그리고 자식들에게는 끝내 그 원수가 누군지 말해 주지 않은 것이다.

나주의 경우도 영암과 다르지 않다. 진실과 화해를 위한 과거사정리위원회의 조사에 의하면 한국전쟁기인 1950년 7월부터 1951년 5월까지 전라남도 나주군 다도면 주민 230여 명이 군경의 빨치산 토벌 작전 과정에서 '빨치산' 또는 '부역 혐의자' 등으로 몰려 적법한 절차 없이 현장에서 사살되거나 군경에 연행된 후 사살·행방불명되었다.104)

또한 인민군 퇴각 이후인 1950. 10월 초~1951. 5월 이 시기 미수복 지역인 다도면에 남아 있는 군인, 경찰, 공직자, 우익 단체원 등의 '우익 인사'나 그 가족이 빨치산에 의해 희생당하는 사건이 다수 발생하였다. 희생자 및 상해자로 확인 또는 추정되는 사람은 116명이다.105)

동아일보에 의하면 좌우익에 희생된 사람들의 이름은 50년이 넘도록 공개적으로 거론된 적이 없었다. 그들의 억울한 죽음은 공공연한 비밀이면서도 금기禁忌였다. 군경에 희생당한 유족들은 아예 입을 닫고 살았다. '빨갱이 가족'이란 말을 듣지나 않을까 눈물로 세월을 보냈다.

용서와 화해의 물꼬는 5년 전 지역 유지들이 텄다. 이들은, "이제 와서 좌우가 무슨 소용이냐."며 불행했던 과거사를 털고 가자고 유족들을 설득했다. 비극의 씨앗이 좌우익 대립에서 비롯됐다는 사실을 기록해 역사적

---

104)진실과 화해를 위한 과거사정리위원회, "나주 다도면 민간인희생 사건(1)", 2007-02-28조사시작 2008-10-21 결정.

105) 진실과 화해를 위한 과거사정리위원회, "나주지역 적대세력에 의한 희생 및 상해 사건", 2007-02-13조사시작 2009-10-20 결정.

인 교훈으로 삼자며 유족들과 함께 '양민 학살 진상 조사 추진 위원회'를 꾸렸다. 이를 계기로 좌우를 아우르는 유족회가 만들어졌다. 2006년 처음으로 합동 위령제를 지낼 수 있었다.

당숙 일가족 9명이 빨치산에게 희생당한 홍정희 씨(77)는, "가해자도 희생자도 역사 앞에서는 모두 피해자라는 생각에 손을 맞잡았다."며 "후손들이 서로를 용서했으니 죽은 영혼도 이제 화해를 하지 않겠느냐."고 반문했다.106)

전남 영암과 나주 주민들이 보여 준 바와 같이 우리 한겨레의 일반 대중들은 원수를 만드는 자살적인 이원론의 악순환 고리를 과감하게 제거함으로써 양극단을 극복하고 통합의 철학을 실천하고 있는 것이다. 누가 이분들에게 통합이 가능한 철학을 가르쳐 주었는가를 묻는 것은 우리 한겨레의 본모습을 전혀 이해하지 못한 어리석은 질문이 될 것이다.

우리의 역사의 시작에서부터 지금까지가 모두 도저히 하나가 될 수 없는 상대와 통합을 이루어 하나가 되어 온 역사이기 때문이다. 역사를 통해 한겨레의 대중들이 주장한 것은 다름 아닌 그분들, 즉 일반 대중들이 이 나라의 주인이라는 사실이다. 우리 한겨레 공동체 안에 적이 있는 한 우리는 통합할 수 없고 또한 주인일 수도 없는 것이다.

한겨레는 마음과 몸이 서로의 반쪽이듯 대립하는 상대편이 나의 반쪽이라는 생각을 하며 이를 하나로 통합할 생각을 당연한 것으로 여긴다. 한겨레는 마음이 몸을 죽이려 하고, 몸이 마음을 죽이려 하는 것과 같이 자기편은 선이고 상대편은 적으로서 악이라는 자멸적인 이원론적 철학을

---

106) 정승호기자, 동아일보 2010년 6월 25일자.

생명의 통합적 철학으로 전환한다. 그럼으로써 언제나 정상적인 생명체가 되어 역동적으로 살아간다. 그렇지 않았다면 우리는 우리의 역사속에서 만났지만 지금은 이미 사라져버린 수많은 주변민족처럼 역사에서 사라졌을 것이다.

지금 우리 사회를 남/북, 동/서, 좌/우, 노사, 남/녀 등의 양극단兩極端으로 분열하여 서로가 서로를 부정하고 파괴하면서 위기상태를 만든 것은 우리 한겨레의 고유한 정신이 결코 아니다.

한겨레의 고유한 정신이 우리 사회에서 힘을 잃은 이후 우리 나라에서 이와 같은 자살적인 이원론 논리가 마치 대단한 진리라도 되는 것처럼 떠받들었던 사람들은 언제나 배웠다는 지식인들이었다. 그러나 우리 한겨레의 일반대중들은 한겨레의 역사가 시작할 당시부터 지금까지 이미 이들 지식인들보다 정신적으로 비교할 수 없이 높은 경지에 있었다. 그럼으로써 언제나 양극단을 통합하여 생명의 과정을 진행하는 철학을 자유자재로 활용하는 수준에 있었다.

우리 한겨레는 반만년 또는 일만 년 동안 한겨레로 살아오며 언제나 '원수를 사랑하라!'가 삶 그 자체였다.

제5장

'너희 속에 계시겠음이라!'—일신강충

'너희 속에 계시겠음이라!'—일신강충

> 너희는 너희가 하나님의 성전인 것과 하나님의 성령이 너희 안에 계시는 것을 알지 못하느냐(고전 3:16).

4대 복음서에 담긴 예수의 말씀 중에서 놀라운 부분은, "하나님은 어디에 계신가?"에 대한 분명한 답변이다. 하나님은, "너희와 함께 거하심이요, 또 너희 속에 계시겠음이라."는 것이다.

그리고 여기서 한 걸음 더 나아가 인간이 하나님께서 내주內住하시는 하나님의 성전聖殿이라는 개념을 사용했다. 이 말이 무슨 의미인가? 어찌하여 하나님이 저 멀리 하늘에 계신 것이 아니라 인간의 속에 계신다는 것인가?

> 그는 진리의 영이라 세상은 능히 그를 받지 못하나니, 이는 그를 보지도 못하고 알지도 못함이라. 그러나 너희는 그를 아나니 그는 너희와 함께 거하심이요, 또 너희 속에 계시겠음이라(요 14:17).

한신학韓神學의 이론 체계에서 가장 근본이 되는 개념이 바로 '하나님은 나의 중심에 내려와 계신다'는 일신강충─神降衷이다. 도저히 통합할 수 없는 양극단을 통합할 때 그 중심에서 하나님이 임재하시는 것이다.

바로 이 일신강충─神降衷이 인간의 생명의 근거인 하나님께서 인간의 중심에 존재한다는 원리이다. 인간 생명의 근거이신 하나님께서 인간의 중심에 존재한다는 것은 너무나 당연한 원리인 것이다.

복음서에 명명백백하게 명문화되어 설명되는 '인간의 중심에 존재하는 하나님'을 설명하기 위해서는 반드시 양극단을 통합하는 논리가 필요하다. 즉 뱀과 비둘기, 가이사의 것과 하나님의 것에서 설명되는 양극단을 통합하는 한신학의 혼돈상태의 이론이다. 그리고 그 중앙에 성역이 자리잡고 외부에 속역이 자리 잡는 한신학의 질서상태의 이론이다.

이 이론 체계는 분명하게 예수의 말씀인 복음서에 담겨 있다. 그러나 지금까지는 이 놀라운 예수의 진리 근처에도 가지 못하는 여러 서양 철학자들이 주장하는 이론에 갇혀 있었다.

25. 복음서의 신과 기존의 신론

복음서의 말씀에 담긴 신은 인간의 중심에 존재하는 신이다. 이 신을 설명할 수 있는 기존의 신론이 과연 있을까? 우리는 이미 '원수를 사랑하라!'는 내용을 이해하기 위해 기존의 네 가지 신론을 살펴보았다.

여기서는 보다 직접적으로 기존의 신론과 복음서에서 설명하는 예수의 신이 어떻게 다른지 비교해 보자.

(1) 복음서의 신과 유신론

어느 때나 하나님을 본 사람이 없으되 만일 우리가 서로 사랑하면 하나님이 우리 안에 거하시고 그의 사랑이 우리 안에 온전히 이루어지느니라(요 4:12).

유신론에서와 같은 신이라면 저 멀리 하늘에 존재하면서 인간에게 말을 걸고 인간의 모든 일에 간섭하는 그런 신이다. 그러나 복음서에 담긴 예수의 말씀이 설명하는 신은 인간 안에 내주(內住)하는 신이다. 이 신은 결코 유신론의 신일 수 없다.

말하는 이는 너희가 아니라 너희 속에서 말씀하시는 이 곧 너희 아버지의 성령이시니라(마 10:20).

는 마태복음의 이 내용 역시 동일한 내용이다. 우리 인간 안에 존재하며 말씀하시는 이가 곧 하나님의 성령이라는 것이다. 인간 안에 하나님이 존재한다는 이 예수의 복음은 유신론과 조금도 관계가 없다. 뿐만 아니라 현존하는 그 어느 신학에서도 설명이 불가능하다.

(2) 예수의 신과 범신론

동양의 범신론적 신은 세계가 곧 신이다. 따라서 범신론적 신에게서는 유일신의 영역이 부정된다. 따라서 예수의 신은 그 어떤 범신론의 신과도 연결될 수 없다.

그리고 우상 숭배는 범신론적 현상이라고 볼 수 있다. 그러므로 '우리는 살아 계신 하나님의 성전'이라는 말은 인간이 살아 있는 하나님의 성전인데 도대체 무슨 이유로 신의 우상偶像을 만들어 그 돌이나 쇳덩어리를 숭배하겠는가라고 말하고 있는 것이다.

또한 우상 숭배偶像崇拜의 문제는 결국 인간의 위치를 어떻게 설정하는가 하는 문제이다. 인간이 신을 자신의 내부에 섬기고 있다면 그 인간은 곧 살아 있는 신전神殿이다. 인간이 곧 살아 있는 신전이라는 개념은 예수의 진리에서 중요한 위치를 차지하는 것이다. 또한 한신학韓神學의 전체 이론 체계에서 가장 중심이 되는 내용이기도 하다.

(3) 예수의 신과 범재신론

범재신론의 신은 '신 안에 내가 있다'이다. 그러나 예수의 신은 '신 안에 내가 있고, 내 안에 신이 있다.'이다. 따라서 범재신론은 '내 안에 신이 있다'를 설명하지 못한다. 따라서 범재신론의 신은 예수의 신과는 전혀 다른 신이다.

① '내 안에 하나님이 있다'와 단지 '하나님 안에 내가 있다'의 차이
   범재신론은 과정 신론이라고 말하기도 한다. 즉,

> 신과 세계의 관계에 대한 과정 신론의 입장은, 세계는 신의 몸이며 우리가 몸을 통해서 살아가는 것과 마찬가지로 신은 세계를 통해 살아간다는 말로 표현할 수 있다. 이것은 고전적 유신론과 달리 과정 신론에서는 신과 우주가 전적으로 별개가 아님을 의미한다. 오히려 인간을 포함해서 모든 유한한 사물들은 신 자신의 존재 안에 포함되어 있다.107)

여기서 범재신론은 '신 안에 내가 있다'는 사고의 틀을 제시한다. 김상일은, "범신론(pantheism)과 범재신론(panentheism)은 같으면서도 다르다. 즉 범신론은 '모든 것이 신이다(All is God)'는 것이고, 범재신론은 '모든 것이 신 안에 있다(All is in God)'는 경우이다."108)고 한다.
그러나 예수는 하나님 안에 내가 있고, 내 안에 하나님이 있다는 놀라운 신학을 내세웠다. 이는 범재신론으로는 도저히 따라갈 수 없는 차원 높은 경지의 신학이다.

---

107) 마이클 피터슨 외, 『종교철학』, 하종호 역, 이화여자대학교출판부, 2000년, 98쪽.
108) 김상일, 『수운과 화이트헤드』, 지식산업사, 2001년, 77쪽의 각주.

내가 아버지 안에 거하고 아버지는 내 안에 계신 것을 네가 믿지 아니하느
냐. 내가 너희에게 이르는 말은 스스로 하는 것이 아니라 아버지께서 내 안
에 계셔서 그의 일을 하시는 것이라(요 14:10).

이 요한복음의 내용은 하나님 안에 내가 있고, 내 안에 하나님이 계시
다는 놀라운 신학을 명문화하고 있다. 이 복음 안의 신학을 범재신론으
로 설명한다는 것은 불가능하다.

② 범재신론과 예수의 창조론
화이트헤드는,

신은 세계를 창조하지는 않는다. 신은 세계를 구제한다.[109]

라고 주장한다. 그러나 신약에는 예수가 창조를 주장한 사실이 확인된
다. 즉,

예수께서 그들에게 이르시되 너희 마음이 완악함으로 말미암아 이 명령을
기록하였거니와 창조 때로부터 사람을 남자와 여자로 지으셨으니(막10:5~6).

이는 그날들이 환난의 날이 되겠음이라. 하나님께서 창조하신 시초부터 지
금까지 이런 환난이 없었고 후에도 없으리라(막 13:19).

---

109) 화이트헤드, 『과정과 실재』, 오영환 역, 민음사, 2001년, 595쪽.

이 내용으로 볼 때 신이 창조하지 않았다는 화이트헤드의 범재신론의 논리와 신약에서 예수가 창조를 설명했다는 내용은 서로 완전히 반대 방향으로 달리고 있다. 이 범재신론은 분명 예수의 말씀과 다르다.

그리고 화이트헤드가 말하는 범재신론의 신은 세계의 시인이다. 시인은 양극단을 모두 인정하고 인간의 마음을 달래 줄 뿐이다. 하지만 예수는 '원수를 사랑하라'는 말에서 양극단의 적극적인 통합을 설파하고 있는 것이다. 따라서 예수와 범재신론은 서로 만나는 접점을 찾기가 불가능하다.

③ 범재신론의 한계

화이트헤드의 범재신론이 설명하는 신은 전능하지 않다. 그리고 인간과 세계를 창조하지 못하는 신이다. 또한 복음서에서 예수가 정한 '원수를 사랑하라'는 가장 기본적인 명제를 해결할 수 없다.

따라서 나는 이러한 신을 하나님이라고 부를 수 있는지를 묻고 싶다.

(4) 예수의 신과 불교의 공사상

공사상은 '상주常住'의 영역과 '단멸斷滅'의 영역을 모두 파괴할 때 공이 출현한다는 내용이다. 여기서 상주는 어떤 불변하는 존재가 있다는 주장으로 이는 주로 관념론적 오류이고, 단멸은 불변은 없다는 오류로서 주로 유물론적 오류이다.

그런데 예수의 신은 이 공사상과는 조금도 닮은 점이 없다.

(5) 복음서의 신과 한신론의 하나님

우리가 기독교의 신이라고 생각할 때 떠오르는 유신론적 신과 예수의 신은 전혀 다른 존재라는 사실을 알았다.

그리고 복음서의 신은 지난 3,000년간 존재한 신관의 신들과는 전혀 다른 새로운 신이라는 사실도 확인했다.

그렇다면 남은 신은 오로지 한겨레의 하나님뿐이다. 즉 한신론의 하나님이다. 복음서의 신과 한겨레의 하나님이 일치한다면 이는 정말로 놀라운 사건이 된다.

26. 예수와 일신강충一神降衷

일신강충一神降衷은 하나님께서 우주의 중심과 인간의 중심에 내려와 계신다는 말이다.

하나님이 하늘의 중심에만 존재하시는 것이 아니라 인간의 중심에도 존재하신다는 명제는 대단히 중요한 사실을 설명한다. 예수가 '우리 모두가 살아 계신 하나님의 성전'이라고 한 말은 역시 인간 생명의 근거이면서 주인이신 하나님의 인간 안의 내주內住를 설명하는 매우 중요한 내용이다.

> 하나님의 성전과 우상이 어찌 일치가 되리요? 우리는 살아 계신 하나님의 성전이라(고후 6:16).

예수의 말씀은 우리는 살아 계신 하나님의 성전이라고 했다. 즉 하나님은 인간의 내부에도 존재하시며 그 성역을 예수는 성전聖殿이라고 했다.

그리고 하나님의 성전이 거룩하듯 인간 스스로도 그러하다고 했다. 누구든 하나님의 성전을 더럽히면 하나님이 그 사람을 멸하리라고 했다. 이는 지금까지 그 어떤 신학에서도 설명하지 못한 신비의 문을 열고 있다.

예수의 가르침에서 가장 중요한 것은 하나님이 인간의 중심에 존재한다는 진리이다. 그럼으로써 인간은 자체적으로 하나님의 성전聖殿이 된다는 사실이다.

그리고 이 문제에 대해 가장 결정적인 오해는 다음의 복음에서 나타난다. 즉 다음의 복음은 예수가 사흘 동안 성전을 짓겠다는 내용이다.

우리가 그의 말을 들으니 손으로 지은 이 성전을 내가 헐고 손으로 짓지 아니한 다른 성전을 사흘 동안에 지으리라 하더라 하되(막 14:58).

예수께서 대답하여 이르시되 너희가 이 성전을 헐라. 내가 사흘 동안에 일으키리라. 유대인들이 이르되 이 성전은 46년 동안에 지었거늘 네가 3일 동안에 일으키겠느냐 하더라. 그러나 예수는 성전된 자기 육체를 가리켜 말씀하신 것이라(요 2:19~21).

예수는 현존하는 물리적인 성전을 헐라고 큰소리로 말한다. 그리고 자신이 사흘 만에 지으리라고 장담한다. 이 말에 대해 유대인 제사장들과 로마인들은 그를 거짓말쟁이, 허풍쟁이로 단정하고 예수에게 경멸과 비웃음을 안겨 준다.

무엇보다 복음서에서 말한 성전은 당시의 사람들이 생각한 기존의 성전과는 전혀 다른 차원의 성전이었다. 그는 자신의 몸을 하나님이 계시는 성전이라고 말하고 있는 것이다.

복음서의 말씀이 설명하는 성전은 이와 같은 물리적인 성전이 아니다. 이 사실을 이해하려면 한철학과 한신학의 이론 체계 전반에 대해 이해하지 않으면 도대체 무슨 말인지를 알 수 없다.

한신론에서는 우주의 중심뿐 아니라 인간의 중심에도 하나님이 존재하시므로 인간은 하나님의 궁전이라는 사실이 바로 설명되는 것이다. 바로 이 사실을 신약에 담긴 복음이 설명하고 있다. 복음은 다음과 같이 인간을 하나님이 계신 성전으로 비유하였다.

> 누구든지 하나님의 성전을 더럽히면 하나님이 그 사람을 멸하시리라. 하나님의 성전은 거룩하니 너희도 그러하니라(고전 3:17).

하나님의 성전은 거룩하다고 한다. 그리고 그 하나님이 성전을 더럽히면 하나님께서 그 사람을 멸한다고 했다. 그리고 하나님의 성전은 거룩하니 너희도 그러하다는 것이다. 즉 모든 인간이 모두 다 역시 하나님의 성전이므로 모두가 거룩하다는 것이다. 이야말로 한신론의 핵심이다.

여기서 하나님의 성전은 곧 살아 있으면서 하나님의 진리를 추구하는 살아서 숨 쉬는 인간이다. 따라서 현존하는 물리적인 성전은 단지 물건에 지나지 않으므로 당장 때려 부수라고 한 것이다.

그리고 말씀에서 사흘 만에 지을 수 있다는 성전은 물리적인 성전이 아니다. 말씀은 인간에게 하나님의 진리를 가르쳐 그 인간이 스스로가 천상천하에서 가장 위대한 하나님이 내려와 계시는 성전이라는 사실을 알 수 있게 할 수 있다는 바로 그 말을 하고 있는 것이다.

그런데 복음서의 말씀이 전하는 새로운 생명의 과정 신학은 오늘날에도 조금도 이해되지 못하고 있는 것이다.

바리새인들이 하나님의 나라가 어느 때에 임하나이까? 묻거늘 예수께서 대
답하여 이르시되 하나님의 나라는 볼 수 있게 임하는 것이 아니요 또 여기
있다 저기 있다고도 못하리니, 하나님의 나라는 너희 안에 있느니라(눅
17:20~21).

이 말씀은 하나님 나라가 너희 인간의 안에 있다는 것이다. 하나님 나
라가 인간 안에 존재하며 인간 안에 하나님이 임재하여 계시다는 일신강
충─神降衷의 진리를 설명하고 있다.

인간 안에 하나님 나라가 임재한다는 이 복음도 인간이 곧 하나님의
성전이라는 말과 동일한 개념을 말하고 있는 것이다. 복음서의 말씀은
한신론의 핵심 그대로를 설명하고 있는 것이다.

인간의 중심에 하나님이 존재하신다는 진리를 담은 예수의 말씀은 복
음서에서 이처럼 명명백백하다. 그것도 한 두 곳이 아니라 여러 곳에서
동시에 설명되고 있다. 그러나 이 말씀들에 담긴 신론을 설명하는 신학
은 지난 2,000년간 없었다. 한겨레의 한신론만이 이 신론을 빠짐없이 자
세하면서도 명명백백하게 설명하고 있는 것이다.

27. 한겨레와 하나님

　우리 한겨레는 천진암(1779년)에서 스스로 기독교를 받아들여 연구함으로써 기독교 역사상 세계에서 유래를 찾기 어려운 예를 만들었다.

　그리고 우리 한겨레는 1960~1980년대에 너무도 상대적으로 압도적인 서양 문물을 받아들이는 과정에서 서양 문물에 대한 맹종과 맹신이 난무했다. 이때 함석헌과 같은 훌륭한 기독교인들이 출현하여 우리 한겨레의 자존심과 자주성을 지키면서 기독교를 비롯한 서양 문물을 받아들이자는 운동을 전개했다.

　이제 2010년을 사는 우리 한겨레는 천진암 시대나 함석헌 선생의 시대와는 전혀 다른 시대를 맞고 있다. 이제 우리 한겨레는 동북아 시대를 맞아 세계의 지도적인 민족으로 발돋움하고 있는 것이다.

　이 시대는 지금까지의 관점을 180도로 바꾸어 우리 한겨레의 고유한 정신의 입장에서 서양 문명을 이해하고 설명할 수 있기를 강력하게 요구받고 있다.

　이 시대를 사는 우리가 우리의 정신으로 서양 문명을 이해하고 설명할 수 없다면 우리는 모든 분야를 남보다 앞서 가며 압도하는 경쟁력을 갖출 수 없다.

　따라서 우리는 다음과 같은 함석헌의 말을 다시 새길 필요가 있다.

　사실 우리나라 사람이 조상 숭배를 우상 숭배라 해서 도덕을 뿌리째 흔드는 기독교를 쉽게 이해하고 받아들이고 있었던 것은 몇 천 년 동안 내려오며 민중의 가슴속에 뿌리박아 온 이 하느님 사상이 있었기 때문일 것이다.[110]

이 하나님 사상이란 무엇인가? 몇 천 년 동안 내려오며 우리 한겨레의 가슴속에 뿌리박아 온 이 하나님 사상이란 도대체 무엇인가?

하나님/하느님은 순수한 한겨레의 신학적 용어이다. 이 하나님/하느님은 한겨레의 고유한 경전인 삼일신고에서 '일신一神'으로 표기되어 있고 또한 366사에서는 '천신天神'으로 표기되어 있다. 천부경에서는 '일一'로 표기 되어 있다.

그리고 조선 선조宣祖때의 시인 노계蘆溪(1561~1642)의 노계가사 중에 '하나님'이라는 단어를 훈민정음으로 표기한 기록이 나타난다.

時時로 머리드러 北辰을 바라보고
늠모르는 눈물을 天一方의 디이느다
一生에 품은 뜻을 비옵느다 하느님아 [111]

◆ 해석
때때로 머리를 들어 북쪽 임금 계신 곳을 바라보고
남모르는 눈물을 하늘 한쪽에 떨어뜨리는도다
일생에 품은 뜻을 비옵니다 하나님이시여

이번에는 조선 시대의 소설인 신류복전申遺腹傳에 역시 훈민정음으로

---

110) 함석헌, 『뜻으로 본 한국 역사』, 한길사, 1991년, 105쪽.
111) 박인로, 『노계가사』, 1636년 목판본, 박성의 주해, 정음사, 1975년, 117쪽.

196

표기된 하나님을 살펴보자.

◘ 해석
이 아이는 범상한 사람이 아니다.
하늘의 규성 선동으로서 하나님에게 득죄하여
이 세상에 인간으로 내려옴을 당하였으나

이 소설은 영·정조英·正朝 이전에 쓰였을 것으로 추측되는 작자 미상의 글이다. 이 소설에서도 하느님이라는 한겨레의 호칭이 명문화되어 나타난다.

이처럼 기독교가 들어오기 훨씬 전에 이미 하나님/하느님을 훈민정음으로 표기한 기록이 명백하게 있다.

따라서 현재 기독교가 사용하는 하나님/하느님은 명백하게도 한겨레가 한겨레이기 시작한 이래 섬겨 온 유일신의 칭호를 차용한 것이다.

그리고 우리가 지금까지 살펴보았듯 이 한겨레의 하나님/하느님은 서양의 유신론으로는 절대로 설명될 수 없다. 물론 범신론이나 범재신론 그리고 공사상으로도 설명될 수 없다. 이는 한겨레의 한신론으로만 설명이 가능한 유일신이다.

---

12) 鄭基誠, 『신류복전』, 廣文書市, 1917년.

(1) 한국 기독교의 하나님/하느님 차용 역사

한국 기독교가 한겨레의 고유의 종교와 신학의 핵심 용어인 '하나님/하느님'을 차용한 것은 어김없는 역사적 사실이다.

나는 1991년 한겨레의 고유한 경전인 삼일신고 초판에서 일신一神을 '하나님'으로 번역했다. 1998년 하나님사이트(http://www.hananim.com)을 인터넷에 개설하고 한겨레에게 전해져 온 하나님에 대한 정보를 첫 페이지에 실음으로써 이 사실을 처음으로 일반에게 공개했다. 그리고 2000년 삼일신고 개정판과 2009년 삼일신고 2차 개정판에 이 하나님닷컴의 내용을 체계화하여 다시 실었다. 이때부터 하나님/하느님에 대한 주객의 자리를 바로 잡기 시작한 것으로 보인다. 또한 이때부터 우리나라에 있는 기독교 이외의 종교에서도 하나님을 차용하기 시작한 것으로 보인다.

만일 누군가가 내가 하나님닷컴과 삼일신고에서 밝힌 하나님의 용어와 개념, 그리고 기독교에서 하나님을 차용한 유래들을 악용하여 자학적이면서 자멸적인 이원론적 방법으로 기독교를 공격하는 일에 사용한다면 그것은 내가 의도한 바와는 완전히 반대되는 일을 한 것이다.

내가 이 정보를 공개한 이유는 하나님이라는 용어와 개념에 대해 숨김없는 사실을 기초로 한 바탕이 마련된 다음이라야 서로 간에 자유롭고 원활한 소통과 이해가 가능하다고 생각했기 때문이다.

이제 우리는 이 책을 통해 단군께서 전한 경전이 설명하는 한겨레의 하나님과 신약에 담긴 예수의 하나님은 논리상 서로 충돌하는 개념이 아니라는 점을 알아 가고 있다.

198

단군께서 전한 성경聖經에서 설명하는 하나님과 기독교 성경聖經의 복음서에 담긴 예수의 복음이 설명하는 하나님은 서로 충돌하지 않으며 심지어는 동일한 존재로 볼 수 있는 가능성을 나는 이 책을 통해 전반적으로 설명하고 있다.

그리고 이미 나는 삼일신고를 통해 기독교가 하나님/하느님을 차용한 역사를 자세하게 설명했다. 그러므로 이 책에서는 중복을 피해 그 내용을 생략하겠다.

(2) 한겨레의 하나님

한겨레의 하나님에 대해서는 고구려의 시조 고주몽님의 개물교화경開物敎化經에 잘 나타나 있다.

> 하나님께서 모든 인간을 창조하실 때
> 하나님의 모습을 본떠 균등하게 삼진三眞을 주셨다.
> 이로서 인간은 하늘을 대신하여 능히 세상에 존립하게 되었다.
> 하물며 우리나라의 선조가 북부여로부터 나와 천제의 아들로 불리는 경우에 있어서야 말할 나위가 없는 것이다.[113]

고주몽님은 인간은 하나님을 대신하여 이 세상에 존립하게 되었다고 했다. 그 이유는 하나님의 세 가지 참됨[三眞]인 선청후善淸厚를 인간이

---

113) 최동환, 『천부경』, 지혜의 나무, 2000년, 419쪽 부록.
　　天神造萬人一像均賦三眞 於是人其代天而能立於世也
　　況我國之先出自北夫餘爲天帝之子乎

하나님께 받았기 때문이라 했다.

따라서 인간은 너나없이 하나님의 아들이거늘 하물며 북부여의 시조인 해모수님을 하나님의 아들이라고 부르는 것이야 너무도 당연하지 않느냐고 말하고 있다. 우리 한국인들이 스스로를 천손天孫이라고 하는 것은 바로 이 진리를 바탕으로 하고 있는 것이다.

고주몽님의 개물교화경開物敎化經은 삼일신고의 진리를 쉽게 잘 설명한 것이다.

(3) 단군과 예수, 그리고 한신학

우리가 종교적으로 접근한다면 단군과 예수의 만남과 대화는 쉽게 이루어지기 어려울 것이다. 그러나 신을 이해하는 학문인 신학, 특히 한신학으로 접근한다면 단군과 예수의 만남과 대화에 아무런 장애가 없다.

나는 하나님의 진리에 대해 연구하기 시작한 이래 최근에야 비로소 단군의 진리를 신학의 이론 체계로 설명할 수 있게 되었고 또한 예수의 진리가 무엇인가를 설명할 수 있게 되었으며 이 양자를 비교 검토할 수 있게 되었다.

그리고 이제야 비로소 나는 예수를 정확히 안다면 단군을 존경할 수 있게 되고, 단군을 정확히 안다면 예수를 존경할 수 있게 된다고 자신있게 말할 수 있게 된 것이다.

이제 한겨레 문명의 상징인 단군과 서양 기독교 문명의 상징인 예수의 만남과 대화에 문제가 될 것은 없을 것이다.

200

제6장

나사렛 예수와 그리스도의 통합 :

기독론基督論—100＝36＋64

나사렛 예수와 그리스도의 통합 : 기독론基督論—100=36+64

백합꽃을 생각하여 보라! 실도 만들지 않고 짜지도 아니하느니라. 그러나 내가 너희에게 말하노니, 솔로몬의 모든 영광으로도 입은 것이 이 꽃 하나만큼 훌륭하지 못하였느니. 오늘 있다가 내일 아궁이에 던져지는 들풀도 하나님이 이렇게 입히시거든 하물며 너희일까 보냐(눅 12:27~28).

백합꽃은 알 수 없는 옛날부터 피었고, 작년에도 피었고 올해도 피었다. 그러나 솔로몬의 영광은 이미 끝나고 이스라엘은 로마의 지배를 받고 있다. 따라서 백합꽃 한 송이는 솔로몬의 영광을 능가한다.

이 백합꽃의 비유에는 나사렛 예수와 그리스도가 통합하여 하나가 되는 이치가 있다. 그리고 이 백합꽃의 비유에는 지난 3,000년간 동서양의 모든 철학자들이 도달하려고 했지만 끝내 도달하지 못한 철학과 신학의 핵심 원리가 숨어 있다.

그리고 이 백합꽃도 이처럼 놀라운 원리를 담고 있거늘 하물며 만물의 영장인 인간이 이 원리를 완전하게 가지고 있음은 너무도 당연한 것이다.

28. 한신학韓神學과 기독론基督論

　지난 2,000년간 기독교 신학자들이 가장 크게 고심해 온 부분이, "어떻게 평범한 인간인 나사렛 예수와 진리의 영인 그리스도가 하나가 될 수 있는가?"일 것이다. 즉 기독론基督論이 그것이다. 20세기 최대의 신학자로 불리는 틸리히는 이렇게 말한다.

> 새로운 존재가 그리스도로서의 예수 안에 나타났다는 기독교의 주장은 역설적인 주장이다. 이 주장은 기독교에 있어서 유일하게 모든 것을 포괄하는 역설이다.114)

　틸리히는 문제의 핵심을 정확하게 읽었다. 나사렛 예수와 그리스도가 하나로 통합된다는 주장은 기독교에서 유일하게 모든 것을 포괄하고 있다. 틸리히는 기독교의 이 주장에 기독교의 본질이 담겨 있다고 본 것이다.

　새로운 존재가 그리스도로서의 예수 안에 나타났다는 주장은 기독교에 있어서 유일하게 모든 것을 포괄하는 것이 옳다. 그러나 이 말은 이제 더 이상 역설이 아니다. 틸리히가 이 중요한 내용을 역설이라고 말할 수밖에 없었던 것은 그가 아무리 위대한 신학자라 해도 기존의 사고의 틀로 사고하는 한 이 문제를 해결하기에는 불가능했기 때문이다. 그는 이

---

114) 폴 틸리히, 『조직 신학 Ⅲ』, 한들출판사, 2005년, 142쪽.

렇게 말하지 않을 수 없었다.

기독교인은 예수그리스도 안에 나타난 새로운 존재에 참여하고 있다.[115]

그러나 어떻게 나사렛 예수와 그리스도가 하나가 되는가? 그것을 알아
야 그 하나가 된 예수 그리스도 안에 나타난 새로운 존재와 기독교인이
참여할 수 있지 않겠는가? 틸리히는 그리스도와 하나님과의 관계를 이렇
게 설명한다.

신약 성서 전체의 증언에 따르면 또한 구약 성서의 모든 구절을 통해서 예
상해 볼 때 그를 그리스도로 만든 것은 바로 그 안에 임재한 하나님의 현존
이었다. 그의 말과 행동의 수난은 이 현존의 결과였다. 곧 이것들은 그의
존재인 새로운 존재의 표현이었다.[116]

나사렛 예수를 그리스도로 만든 것은 바로 그 안에 임재한 하나님의
현존이었다는 틸리히의 예상은 분명히 옳은 것이다. 그러나 신학자는 예
상하는 사람이 아니다. 신학자는 단순하게 추측하고 예상하는 것이 아니
라 명백한 학문적인 이론 체계를 사용하여 입증하고 설명하는 사람일 것
이다.

그는 나사렛 예수와 그리스도가 통합된 예수 그리스도 안에 어떻게 하
나님께서 임재하여 현존할 수 있는가를 예상이 아니라 분명하게 설명할

---

115) 앞의 책, 36쪽.
116) 앞의 책, 222쪽.

수 있어야 했다.

(1) 나사렛 예수와 그리스도가 하나 됨

혼돈상태는 태아가 세상에 나오기 위한 출산 과정과 같다. 질서상태는 신생아로서 성장 과정과 같다. 신약이 설명하는 예수의 복음 중 다음의 내용은 이와 같은 혼돈상태에서 질서상태로의 혁신을 함축한다.

> 화평하게 하는 자는 복이 있나니 그들이 하나님의 아들이라 일컬음을 받을 것임이요(마 5:9).

'화평하게 하는 자'란 원수를 사랑하라는 말에서 가장 대표적으로 설명되는 상태이다. 즉 도저히 하나가 될 수 없는 마음과 몸과 같은 양극단을 하나로 통합함으로 이루어지는 혼돈상태를 설명한다. 그렇다면 도저히 화평할 수 없는 양극단을 하나로 통합하여 혼돈상태가 된다면 그 다음의 상태는 무엇인가?

이제 기독론에 대해 보다 더 깊이 들어가 보자.

29. 혼돈상태에서 질서상태로

여자가 해산하게 되면 그 때가 이르렀으므로 근심하나 아기를 낳으면 세상에 사람 난 기쁨으로 말미암아 그 고통을 다시 기억하지 아니하느니라(요 16:21).

출산하는 과정은 혼돈상태다. 그리고 출산하여 신생아가 탄생했을 때 질서상태가 된다. 이 두 개의 상태는 전혀 다른 존재 방식이 적용된다.

혼돈상태는 세 영역이 있다. 몸의 영역, 즉 사물의 영역과 마음의 영역 그리고 이 양극단을 소통하고 통합하는 위대한 믿음의 영역인 '온힘'

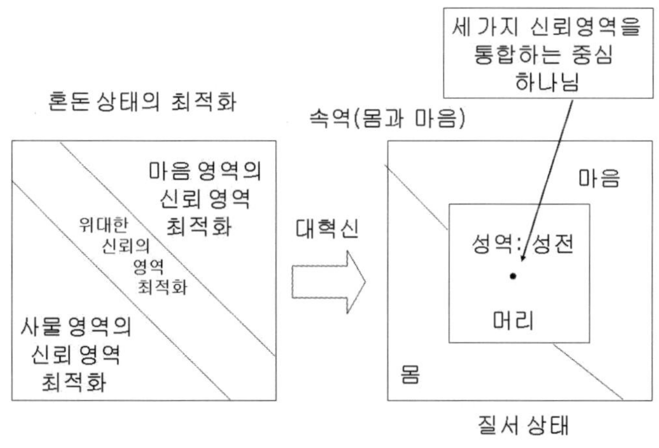

의 영역이 그것이다.

사물의 영역과 마음의 영역의 중심에는 믿음의 영역이 있어 나머지 부분을 최적화한다. 그리고 이 양극단의 경계면에 존재하는 위대한 믿음의 영역 '온힘'은 이 양극단을 통합하여 최종적으로 세 영역은 최적화된다. 그럼으로써 이 혼돈상태는 다음 상태인 질서상태로 혁신하게 되는 것이다.

질서상태는 그 중앙에 성역이 자리 잡는다. 예수가 말한 성전이 바로 이 성역이다. 그리고 성역의 외부에는 속역이 자리 잡는다. 말하자면 인간의 머리가 성역이라면 몸과 마음은 속역이 되는 것이다.

하나님은 머리의 중앙에 자리 잡음으로써 성역과 속역이 유지되는 중심이 되는 것이다. 예수는 이 성역과 속역의 양자를 통합시키고 있다.

한신론韓神論이 설명하는 생명의 과정을 이해하고 예수의 말씀이 담긴 복음서를 읽어 보면 이 놀라운 진리는 너무도 분명하고 자세하게 드러나 있다. 오히려 이를 전혀 알아보지 못한 지금까지의 신학자들이 이해가 가지 않을 정도이다.

이와 같은 예수의 놀라운 진리에 조금도 따라오지 못하는 지금까지의 서양 철학자들의 철학으로 예수의 신학을 설명하려 했다는 사실이 믿어지는가?

(1) 성역聖域인 태극과 속역俗域인 64괘

예수는 인간 안에 내재하는 하나님을 설명했다. 그리고 성전聖殿된 인간을 설명했다. 바로 그 설명이 태극인 머리와 64괘인 몸과 마음의 중심

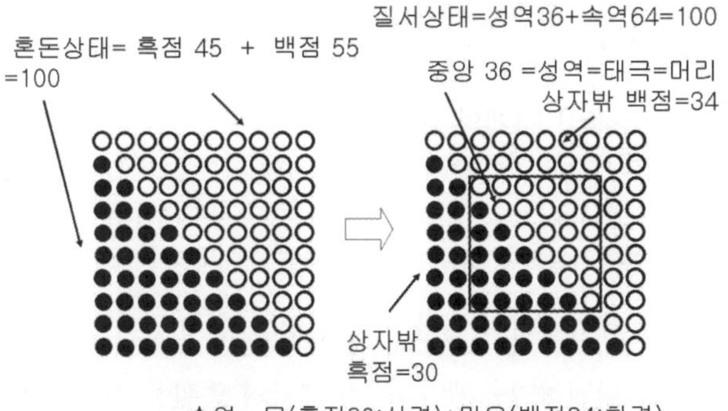

에 존재하는 하나님의 원리를 설명한 것이다.

바로 이 내용이 속역으로서 필변의 영역인 나사렛 예수와 성역으로서 불변의 영역인 그리스도의 중심에 하나님이 임재해 계신 우주암호로서의 원리이다.

예수의 진리가 음양오행의 기본 원리와 다르지 않음은 이미 뱀과 비둘기, 가이사의 것, 하나님의 것에 담긴 진리에서 충분히 이해했다.

마찬가지로 예수의 진리와 태극과 64괘의 원리 또한 다르지 않다. 위의 그림에서 질서상태의 중앙의 36이 곧 머리이며 태극이다. 그리고 외부의 64가 곧 64괘의 원리이다. 자세하게는 흑점 30이 역경의 상경 30괘의 원리이며, 백점 34가 하경 34괘의 원리이다.

태극에서 팔괘가 설명되는 이치는 태극이 36으로서 1+2+3+4+5+6+7+8=36이 되기 때문이다.

따라서 어떤 경우에도 역경은 64괘보다 1이라도 더 커서도 안 되며 작아서도 안 되는 것이다. 마찬가지로 반드시 8괘이어야지 7괘나 9괘일 수 없는 것이다. 또한 반드시 상경은 30괘이며 하경은 34괘인 것이다.

지난 3,000년 동안 중국의 역학자들은 왜 역경이 64괘이며, 상경이 30 개의 괘이며, 하경이 34개의 괘인지를 설명하지 못했다. 또한 왜 8괘인가를 설명하지 못했다.

그리고 태극과 64괘가 하나로 통합되는 것인지를 설명하지 못했다.

또한 64괘와 태극과의 관계를 전혀 설명할 수 없었다. 따라서 단지 역경은 64괘만을 나열하였을 뿐 64괘와 태극의 연관을 설명할 수 없었다.

그러므로 중국의 유불선은 모두 중앙의 머리인 태극을 설명하지 못한 상태에서 64괘의 변화만으로 모든 것을 설명할 수밖에 없었다.

그러나 태극은 머리이며 64괘는 몸과 마음이다. 머리 없는 몸과 마음이 어디에 있겠는가?

30. 성속통합聖俗統合의 예수 그리스도

이제 기독론基督論에 대해 본론으로 들어가 보자. 지금까지 기독론基督論에 대해 가장 탁월한 이론을 제시했던 틸리히에 대해 생각해 보자. 틸리히는 이렇게 말한다.

> 우리는 예수 그리스도라는 예수의 성과 그리스도라는 이름으로 구성된 한 개인의 이름이 아니고, 그것은 A.D. 1년에서 30년 사이에 나사렛에서 살았던 어떤 사람의 이름과 '그리스도'라는 칭호의 결합이라는 것을 분명히 알아야 한다. 여기서 그리스도는 특별한 기능을 가지고 있었던 특별한 인물을 신화론적 전통 속에서 표현해 주는 용어이다. 메시아는— 그리스 어로는 크리스토스는— 이스라엘과 이 세계 속에 하나님의 통치를 확립하도록 하나님으로부터 기름 부음을 받은 자를 의미한다. 따라서 예수 그리스도의 이름은 '그리스도로 불린 예수(Jesus who is called the Christ)', 또는 '그리스도인 예수(Jesus who is the Christ)', 또는 '그리스도로서의 예수(Jesus the Christ)'로서 이해되어야 한다.117)

나사렛 예수를 A라고 하고, 그리스도를 B라고 하자. 이때 A+B=C가 돼야 한다. 즉 나사렛 예수+그리스도=예수 그리스도이다. 즉 100 예수 그리스도=그리스도 36(성역)+나사렛 예수 64(속역)이다.

---

117) 폴 틸리히, 『조직 신학 Ⅲ』, 한들출판사, 2005년, 154쪽.

복음서에 나타난 예수 그리스도는 이 새로운 존재이다. 그리고 이 새로운 존재의 성역과 속역의 중앙에 하나님이 임재하고 계신 것이다. 복음서는 이 하나님의 속성을 빛, 말씀(로고스), 진리, 생명이라고 한 것이다.

> 태초에 말씀이 계시니라. 이 말씀이 하나님과 함께 계셨으니 이 말씀은 곧 하나님이시니라. 그가 태초에 하나님과 함께 계셨고. 만물이 그로 말미암아 지은 바 되었으니 지은 것이 하나도 그가 없이는 된 것이 없느니라. 그 안에 생명이 있었으니 이 생명은 사람들의 빛이라(요 1:1~4).

그러나 틸리히는 C로서의 예수 그리스도를 설정하지 못한다. 그는 A로 불린 B, A인 B, A로서의 B로밖에는 설명하지 못하는 것이다.

즉 '그리스도로 불린 예수', 또는 '그리스도인 예수', 또는 '그리스도로서의 예수'가 그것이다. 다시 말해 틸리히에게는 정확하게 '예수 그리스

나사렛 예수와 그리스도의 통합

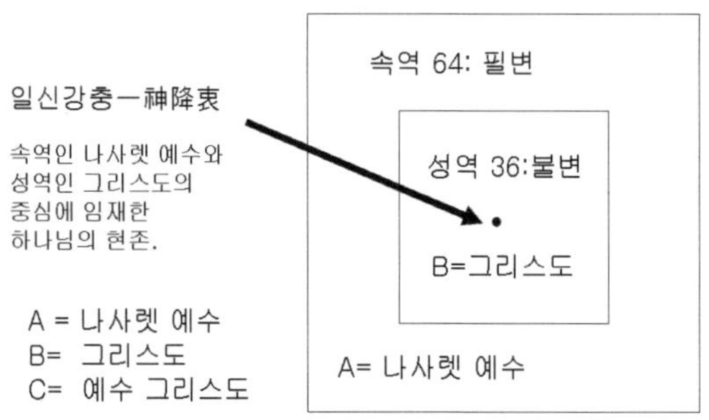

예수 그리스도 C =A인 나사렛 예수+B인 그리스도

212

도'라고 말하며 자신있게 설명할 신학적 이론 체계가 없었다.

틸리히가 설명하는 이 세 가지의 경우는 모두 속역의 나사렛 예수와 성역의 그리스도가 하나로 통합된 전혀 새로운 존재인 예수 그리스도를 설명하지 못하는 개념들이다.

이것이 지난 2,000년간 존재했던 기독론의 한계이다. 그러나 복음서의 말씀은 지금까지의 기독론의 한계를 이미 완전히 극복하고 A+B=C의 원리를 설명하고 있는 것이다. 즉 100=36(성역)+64(속역)의 원리가 그것이다. 그리고 이것이 곧 단군과 예수의 대화를 가능하게 하는 또 하나의 우주암호인 것이다.

(1) 성역과 인간의 머리

하나님이 내 안에 존재한다는 진리는 보다 더 세밀하게 다루어질 필요가 있다. 즉 하나님께서 내 안에 존재한다고 말한다 해도 그 하나님이 심장에 계신가, 아니면 머리에 계신가에 의해 신학의 이론 체계가 완전히 다른 것이 되기 때문이다.

즉 이 진리는 먼저 양극단을 통합하는 혼돈상태가 될 때 가능하다. 그 다음 그 혼돈상태의 중앙에 성역인 머리가 결정되고 속역인 몸과 마음이 결정되어야 하는 것이다. 그 성역과 속역의 중심에 하나님이 존재하신다는 것이다. 다시 말하면 태극인 성역과 64괘인 속역으로서의 몸과 마음의 중심에 하나님이 존재하시는 것이다.

바로 이 원리가 또한 신적인 존재가 인간의 육체 안으로 들어와서 인간 가운데 거하는 것을 이르는 성육신(成肉身, incarnation)의 원리임에 다른 것이 아니다(성육신은 뒤에 다시 한 번 검토한다). 그리고 바로 이 우주암호가 단군과 예수가 나누는 대화를 통한 소통과 통합의 중요한 핵심을 제공하는 것이다.

이렇게 되지 않고 인간의 중심에 하나님이 계신다는 것은 소설에 불과한 것이다. 예를 들면 내 안이라도 그 위치가 머리인가, 아니면 심장인가에 따라 신론의 이론 체계는 완전히 달라지기 때문이다.

그리고 머리도 뇌인가, 아니면 뇌와 의식의 중심인가에 따라 그 신론도 근본적, 결정적으로 차이가 있다.

(2) 심장 안에 존재하는 하나님

인도인들은 내 안에 존재하는 불멸의 자아自我를 생각해 냈다. 즉 아트만이다. 아트만은, "바라문교적 사상 체계에서 널리 퍼진 것으로, 변화하는 상태들의 와중에서 독립성을 유지하며, 따라서 그 상태들과 다른 영원하고 불변하는 실체라는 개념이다."[118]

인도인이 생각해 낸 아트만, 즉 자아自我는 인간의 심장 속에 엄지손가락 크기 만한 불꽃 모양으로 빛나고 있다는 것이며 마음으로 알고 가슴으로 느낄 수 있다고 한다.

『까타 우파니샤드』의 제Ⅱ편에서는 다음과 같이 설명한다.

Ⅱ-2-12. 영혼(아트만)은 엄지손가락만 한 크기로 우리의 심장 속에 깃들어 있다. 그는 과거와 미래의 지배자이다. 그를 깨닫게 되면 이제 이 모든 두

---

118) 앞의 책, 378쪽.

214

려움에서 벗어나게 된다.119)

Ⅱ-3-17. 엄지손가락 크기만 한 존재는 아트만으로서 이 심장 속에 살고 있
나니 우린 굳은 신념을 갖고 그를 이 육체로부터 분리시켜야 한다. 저 풀잎으
로부터 연한 줄기를 가려내듯, 그는 순수이며 불멸, 그 자체이다.120)

인도인이 발견한 아트만은 내 안에 존재하는 신성神性이다. 그러나 이
아트만과 한국인이 발견한 내 안에 존재하는 신성神性인 하나님과는 근
본적으로 다른 것이다.

즉 심장 안에 존재한다면 그것은 몸의 중심이지, 몸과 마음의 중심인
머리의 중앙에 존재한다고 할 수 없다. 그러나 한겨레의 하나님은 명백
하게 몸과 마음의 중심인 머리의 중앙에 존재하는 것이다.

따라서 불교가 이 아트만을 부정하고 무아無我를 주장한 것은 한겨레
의 하나님괴는 무관한 것이다. 한국인에게 진정한 자아自我는 심장이 아
니라 머리의 중앙에 존재하는 하나님이다. 이 하나님이 진정한 나로서의
진아眞我이다.

아리스토텔레스도 정신의 중심은 뇌가 아니라 심장이다.

아리스토텔레스는 심장을 정신의 중심으로 정했다. 그리하여 심장은 고대
의 그리스 도시에 있는 아크로폴리스, 혹은 성채처럼 '육체의 성채'와 다름
없었다. 심장은 신체 기능을 감독하는 기관이므로, 사람들은 심장으로 생각
하고 느끼고 인지했다. 심장은 태어날 때 얻게 된 체온의 운반자이자 정신

---

119) 앞의 책, 57쪽.
120) 앞의 책, 64쪽.

의 운반자였던 것이다. 반대로 뇌는 단지 혈액을 냉각시킨다고 보았는데,
그렇게 하지 않으면 뇌의 온도가 지나치게 올라간다고 생각했기 때문이
다.121)

라고 설명한다. 그리스의 철학자 아리스토텔레스의 생각은 인도의 경전
우파니샤드의 것과 동일 선상에 있다. 이것이 인도 철학과 마찬가지로
서양 철학이 성역聖域을 만들지 못한 이유이며 또한 질서상태를 만들지
못한 결정적인 이유인 것이다.

(3) 한국인과 머리의 중앙에 존재하는 하나님

단군께서 전해 주신 한겨레의 고유한 성경聖經인 삼일신고三一神誥의
제2장 일신一神은 하나님의 씨앗이 인간의 머리 골에 내려와 계신다고 했
다. 즉,

소리와 기를 다하여 원을 세우고 기도를 하면
반드시 하나님을 친히 뵐 수 있다.
스스로의 본바탕에서 하나님의 씨앗을 구할 수 있으니
너의 머릿골에 하나님이 내려와 계시니라.122)

---

121) 페터 뒤베케, 『두뇌의 비밀을 찾아서』, 이미옥 역, 모티브북, 2005년, 55쪽.
122) 최동환, 『삼일신고 2차 개정판』, 2009년, 330쪽.
　　　성기원도 절친견 자성구자 강재이뇌
　　　聲氣願禱 絶親見 自性求子 降在爾腦

216

이 삼일신고에서 설명하는 머리가 곧 성역으로 천부경에서 설명된 100=36+64에서 36이 성역으로 머리이고 64가 몸과 마음인 것이다.

여기서 36은 태극으로 음양이 있다. 그 음은 뇌이며 양은 의식이다.

따라서 단순하게 뇌에 하나님이 내려와 계시다고 한다면 그것은 천부경과 삼일신고와 366사에 내장된 한철학과 한신학을 이해하지 못한 것이다. 그리고 의식을 배제한 뇌만으로 머리를 설명한다면 그것은 단지 유물론에 지나지 않는다.

머리는 반드시 뇌와 의식의 통일체인 것이다. 그리고 하나님은 그 뇌와 의식의 통일체로서의 머리의 중앙에 내려와 계신다고 해야 한다.

(4) 예수의 말씀이 설명하는 머리, 그리고 하나님

예수의 말씀은 스스로가 자신이 하나님 안에 존재하고 또한 하나님이 내 안에 존재한다고 밝혔다.

내가 아버지 안에 거하고 아버지께서 내 안에 계심을 믿으라.(요 14:11)

여기서 내가 하나님 안에 있다는 것은 하나님께서 창조하신 대우주의 한 부분으로 존재함을 말한다. 그리고 하나님이 나의 안에 계시다는 말은 실로 의미심장하다. 이는 소우주인 나의 중심에 하나님의 씨앗이 존재하고 계심을 말한다.

인간이 하나님의 성전임은 소우주인 인간의 중앙에 역시 하나님께서 존재하고 계시기 때문이다. 대우주이건 소우주이건 우주가 존재하기 위

해서는 반드시 그 중앙에 하나님이 존재하셔야 함은 필수 불가결의 요소
가 된다.

그러나 복음서의 말씀이 과연 내 안에 존재하는 하나님의 위치를 머리
로 확정했는지에 대해서 확정지을 만큼 분명하지는 않다. 하지만 몇 가
지의 유추할 수 있는 예를 고린도전서와 골로새서, 그리고 에베소서에서
찾을 수는 있다. 즉 예수는 그 하나님이 존재하는 위치에 대해 다음과
같이 말했다.

> 그러나 나는 너희가 알기를 원하노니 각 남자의 머리는 그리스도요, 여자의
> 머리는 남자요, 그리스도의 머리는 하나님이시라(고전 11:3).

> 그는 몸인 교회의 머리시라. 그가 근본이시오, 죽은 자들 가운데서 먼저 나
> 신 이시니 이는 친히 만물의 으뜸이 되려 하심이요(골 1:18).

> 또 만물을 그의 발아래에 복종하게 하시고 그를 만물 위에 교회의 머리로
> 삼으셨느니라(엡 1:22).

즉 남자의 머리는 그리스도이고 여자의 머리는 남자이며 그리스도의
머리는 하나님이라고 했다. 이 머리는 심장과 뇌와는 분명히 구별된다.

(5) 뇌와 의식

베르그송은, "의식은 마치 뇌에서 분출되며, 의식 활동의 세부 사항은

뇌 활동의 세부 사항을 본보기로 하고 있는 것같이 보일 것이다. 그러나 실제로는, 의식은 뇌에서 분출되는 것이 아니다. 그런데 의식과 뇌는 서로 상응한다."123)라고 말하는 것이다.

더 나아가 베르그송은, "우리의 분석이 정확하다면 생명의 근원은 바로 의식이다. 혹은 초의식이라고 하는 편이 더 옳을지 모르겠다. 의식, 혹은 초의식이라는 커다란 불꽃인 바……"124)라고 말한다.

제임스도 이 부분에 있어 의미심장한 말을 하였다. 제임스는 두뇌가 의식을 산출한다는 증거는 하나도 없다고 말하였다. 도리어, "두뇌야말로 의식이 세계에 대하여 효과 있게 작용하려고 노력할 때 사용되는 도구라는 데 대한 증거가 있는 것이다. 우리가 어떤 목적을 달성하기 위해서 손을 쓰는 것과 마찬가지로, 우리는 우리의 두뇌를 쓰는 것125)"이라고 주장했다.

반면에 유물론적 사고에 의하면 의식은 뇌의 찌꺼기이다. 즉 마르크스는 『자본론』에서, "관념적인 것은 물질적인 것이 두뇌에 반영되어 사고의 형태로 변형된 것에 지나지 않는다."126)라고 했다.

마르크스의 주장은 소위 뇌 과학자들의 입장과 비슷하다. 뇌만 인정하고 의식이 존재함을 알지 못하는 사람들은 결국 유물론적 사고의 틀을 가졌다고 할 수 있다.

그러나 한철학은 머리는 뇌와 의식의 통합이라고 말한다.

---

123) 베르그송, 『창조적 진화』, 서정철 역, 을유문화사, 1992년, 213쪽.

124) 앞의 책, 211쪽.

125) 스터얼링 P. 램프레히트, 『서양 철학사』, 을유문화사, 1963년, 647쪽.

126) 칼 마르크스, 『자본론』 제1권, 자본의 생산 과정, 김수행 역, 2004년, 19쪽.

(6) 틸리히의 성육신(成肉身. incarnation)

틸리히는 '육신이 된 로고스'가 기독교 신학의 출발점이라고 주장한다.

> 즉 절대적으로 구체적인 것과 절대적으로 보편적인 것과의 동일성으로서의
> 로고스론은 다른 교리 가운데 있는 하나의 신학 교리가 아니다. 이것은 기
> 독교 신학이 자신의 유일한 신학이라고 주장할 수 있는 기독교 신학의 유일
> 한 토대이다.[127)

틸리히는 여기서 '영과 육'이 설명하는 보편적인 영역과 구체적인 영역을 구분하고 로고스론이 이 양자가 동일성을 갖게 하는 것으로 설명했다.

그러나 그는 '영과 육'의 통합(100=45+55)이 어떻게 이루어지는 보편타당한 이론인지를 설명하지 못했다. 따라서 '영과 육'이 통합된 다음에 이루어지는 상태에서 설명되는 '성과 속'의 통합(100=36+64)이 무엇인지도 설명하지 못한 것이다.

나사렛 예수라는 '속俗'과 그리스도라는 '성聖'의 통합은 구체적인 사물의 영역과 추상적인 관념의 영역의 개념으로는 절대로 설명할 수 없다.

이른바 로고스는 성과 속의 통합의 중심에 존재하는 하나님의 속성인 것이다. 틸리히는 그리스도 안에 있는 존재를 언급하면서,

> 우리는 오직 절대적으로 구체적이면서 동시에 절대적으로 보편적인 것 안

---

127) 폴 틸리히, 『조직 신학 I』, 한들출판사, 2005년, 35쪽.

에만 있을 수 있다……. 오직 절대적으로 보편적이면서 동시에 절대적으로 구체적인 것만이 우주적 다원론을 극복할 수 있다[128]

고 주장한다. 그러나 이 같은 방법론은 양극단의 통합 이후에야 비로소 생각할 수 있는 예수의 육신이 된 로고스를 설명할 방법이 없다.

그리고 당연하지만 성육신(成肉身. incarnation)으로 인해 하나님이 인간의 어느 위치에 존재하는가 하는 점이 매우 중요한 것이다.

만일 심장에 위치한다고 한다면 그것은 우파니샤드의 아트만이 되거나 아리스토텔레스의 철학이 되기 때문이다. 몸과 마음이라는 양극단을 통합한 영역의 중앙에 머리인 성역이 자리 잡고 그 머리의 중심에 하나님이 존재할 때 한신학韓神學의 '나의 중심에 존재하는 하나님'인 일신강충이 되기 때문이다.

---

128) 앞의 책, 36쪽.

31. 하나님의 성역과 율법의 성역

복음서의 말씀은 하나님이 중심에 존재하는 인간의 성역을 성역으로 생각했다. 그러나 율법에 의해 만들어져 강요되는 성역은 배격했다.

또 이르시되 안식일이 사람을 위하여 있는 것이요, 사람이 안식일을 위하여 있는 것이 아니니, 이러므로 인자는 안식일에도 주인이니(막 2:27~28).

당시 안식일은 절대적으로 지켜야 하는 율법이었다. 어떤 일을 해서도 안 되는 철저한 율법이 적용되고 있었다.

그러나 복음서는 율법이 아니라 인간이 주인임을 강조한다. 인간의 중심에 하나님이 계시고 하나님이 성전이 되고 있기 때문이다. 따라서 인간을 위한 안식일이 하나님을 위한 안식일이라는 것이다. 복음서에서 안식일에도 주인이라는 말은 인간의 중심에 계신 하나님이 안식일의 주인이라는 말과 같다.

따라서 복음서는 이렇게 말한다.

그들에게 이르시되 안식일에 선을 행하는 것과 악을 행하는 것, 생명을 구하는 것과 죽이는 것, 어느 것이 옳으냐 하시니 그들이 잠잠하거늘(막 3:4)

안식일이 인간을 위해 있지 인간이 안식일을 위해 있지 않다는 것을

말하는 것이다. 그리고 안식일도 역시 하나님이 만든 하나님 나라의
지배를 받는 것이지, 인간이 만든 율법의 지배를 받는 것이 아니라는
것이다.

32. 백합꽃과 예수 그리스도

백합꽃과 솔로몬의 비유는 지금까지 설명한 내용을 모두 이해할 때 비로소 알 수 있는 심오한 내용이 담겨 있다.

백합꽃은 언제나 백합꽃이다. 백합꽃이 장미꽃이 되는 일은 결코 없다. 즉 백합꽃에는 백합꽃으로서 불변하는 영역이 존재하고 있는 것이다.

그리고 백합꽃은 꽃망울이 피기 시작하여 꽃이 지는 순간까지 시시각각 그 향기와 빛깔과 색깔이 변한다. 결코 그 변화를 멈추지 않는다. 이 영역은 백합꽃의 필변의 영역이다.

즉 백합꽃에게는 영원불변하는 백합꽃으로서의 성역으로서의 중심이 있다. 그리고 그 외부에는 필변하는 영역이 동합되어 있는 것이다.

솔로몬과 백합

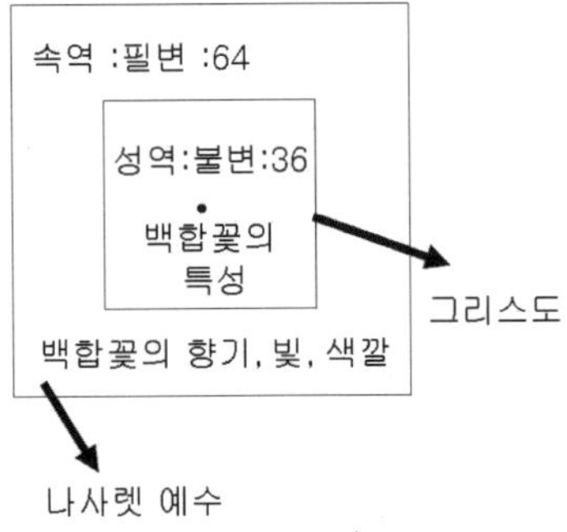

이는 나사렛 예수와 그리스도가 통합되어 있는 원리와 조금도 다르지 않고 동일한 것이다. 즉 100 예수 그리스도=36 그리스도(불변)+64 예수(필변)의 원리가 그것이다.

이 성역으로서의 백합꽃의 특성과 그리스도는 불변하는 것이다. 그리고 속역으로서의 백합꽃의 영역은 필변하는 것이다.

마찬가지로 나사렛 예수는 필변하는 속역이며 그리스도는 불변하는 성역이다. 이 성역과 속역, 그리고 불변과 필변이 하나로 통합된 것이다.

또한 보잘것없는 백합꽃도 이와 같은 성역과 속역을 갖추고 있는 데 만물의 영장인 인간이야 다시 말해 무엇 하겠는가?

(1) 본질적인 인간과 하나님

새로운 존재가 그리스도로서의 예수 안에 나타났다는 주장은 신비도 아니며 기적도 아니며 역설적인 것도 아니다. 이 새로운 존재야말로 지금까지 알려진 동서고금의 모든 철학과 신학을 압도적으로 능가하는 새로운 철학과 신학의 중심이다. 틸리히는 이렇게 말한다.

> 인간에게 인간을 대표할 수 있고 인간에게 하나님을 대표할 수 있는 자는 바로 본질적인 인간이다. 왜냐하면 본질적인 인간은 그 본질상 하나님을 대표하기 때문이다.129)

하나님을 대표하는 본질적인 인간은 성역과 속역의 중심에 하나님을

---

129) 폴 틸리히, 『조직 신학 Ⅲ』, 한들출판사, 2005년, 148쪽.

섬기고 있는 인간이다. 즉 완전한 질서상태에 있는 인간이라고 할 수
있다.

우리는 이러한 상태를 100=36+64로서의 수식으로 설명하는 것이다.

(2) 겉 사람과 속사람

그러므로 우리가 낙심하지 아니하노니 우리의 겉 사람은 낡아지나 우리의
속사람은 날로 새로워지도다(고후 4:16).

시시각각 필변하는 백합꽃은 인간에게는 겉 사람이다. 그러나 불변하
는 백합꽃 자체는 불변하는 진리의 영역이니 인간에게는 속사람이다.

나사렛 예수는 필변하는 인간의 몸이니 겉 사람이다. 그러나 그리스도
는 불변하는 하나님의 영역이니 속사람이다.

겉 사람은 필변하는 64요, 속사람은 불변하는 36이다. 따라서 100=36
+64가 되는 것이다.

제7장

신학 실험神學實驗과 예수

신학 실험神學實驗과 예수

노벨상 수상자인 자크 모노는,

플라톤에서 화이트헤드에 이르기까지, 그리고 헤라클레이토스로부터 헤겔
과 마르크스에 이르기까지 이 모든 형이상학적 인식론은 항상 그 철학을 만
들어 낸 사상가의 도덕적·정치적 편견과 밀접하게 관련을 맺고 있다. 이들
이데올로기의 구축물은 이성에 자명한 것으로 표현되어 왔지만, 사실은 미
리 품고 있었던 윤리·정치 이론을 정당화하기 위해 만들어진 후천적인 구조
물이다.[130]

라고 한다. 철학이 보편타당성을 갖추기가 거의 불가능하다는 사실을 모
노는 잘 설명하고 있다. 결국 지금까지 존재한 위대한 철학자들의 이론
은 철학자 개인의 인격에 영향을 받는 주관적 소견이기 때문이다.

이 문제를 극복하기 위한 방법론은 실용주의實用主義의 근간을 세운 철

---

130) 자크 모노, 『우연과 필연』, 김용준 역, 삼성판, 세계 사상 전집 31, 1982년, 333쪽.

학자 제임스에게서 설명된다. 즉,

> 철학의 여러 논쟁도, 그 구체적인 결과를 검토해 본다는 이 간단한 테스트
> 에 걸어 볼 때 얼마나 많은 논쟁들이 즉시에 무의미한 것이 되어 버리는가
> 에 아니 놀랄 수 없다.[131]

철학자들의 주관적인 소견들이 아무리 거창해도 그 구체적인 결과를 검토해 보면 수많은 철학자들의 소견들이 즉시 무의미해진다는 것이다.

따라서 우리는 이제 철학자의 소견을 구체적인 결과를 검토하여 명확성을 얻을 필요가 생긴 것이다. 다시 말해 철학의 이론을 객관성과 엄밀성과 구체성을 갖춘 실험을 통해 입증할 필요가 생긴 것이다. 그렇게 입증된 철학의 이론 체계, 곧 신학의 이론 체계로 사용될 자격을 갖추게 된다. 다시 말해 철학의 실험이 곧 신학의 실험이 되는 것이다.

물론 우리는 존재 그 자체에 대해 절대로 인식할 수 없다. 따라서 내가 설명하는 신학 실험은 신을 증명하는 것이 아니다.

그러나 신학 실험은 인간이 도달할 수 있는 신에 대한 이해의 범위를 최대한 확장해 준다. 신에 대한 사변적思辨的인 방법은 보편타당성을 갖추기가 불가능한 것이므로 신학 실험이 주는 이해도와는 비교할 수 없다.

지금까지의 철학자·신학자들은 '영靈과 육肉'이 의미하는 추상적인 관념의 영역과 구체적인 사물의 영역을 통합하는 방법을 알지 못했다. 우리는 신학 실험을 통해 이 추상과 구체가 하나로 통합한다는 사실을 이

---

131) 제임스, 『프래그머티즘』, 임영철 역, 휘문출판사, 세계의 대사상 10, 1985년, 170쪽.

230

해할 수 있다.

지금까지의 철학자·신학자들은 '영과 육'을 통합한 중심에 '성聖'의 영역이 나타나고 그 외부에 '속俗'의 영역이 나타나서 하나로 통합된다는 사실을 알지 못했다. 우리는 신학 실험을 통해 이 성속聖俗의 통합을 이해할 수 있다.

지금까지의 철학자와 신학자들은 이 두 가지 상태를 전혀 이해하지도 접근하지도 못했다. 따라서 생명의 과정 신학에 단 한 발자국도 접근을 하지 못했다.

4대 복음서에 담긴 예수의 말씀에는 이 혼돈상태와 질서상태를 분명하게 이해할 수 있는 내용이 충분히 담겨 있다. 이로써 단군과 예수의 의미심장한 의사소통이 이루어지는 것이다.

33. 예비 신학 실험

20세기 최대의 신학자 틸리히는 생명의 과정에 대해 이렇게 말했다.

생명의 현실화 과정은 또한 새로운 내용들을 창조하는 기능, 즉 자기 창조 (self-creation)의 기능도 지시한다. 이 기능은 잠재적인 것의 현실화 운동, 즉 생명의 운동이 수평적인 것에서 일어난다.[132]

삶은 잠재적인 존재가 현실적인 존재가 되는 과정이다(life is the process in which potential being become actual being).[133]

틸리히에게는 잠재적인 존재와 현실적인 존재의 사이가 텅 비어 있다. 이는 아리스토텔레스 이래 지금까지의 서양 철학자 중 그 누구도 넘지 못한 거대한 장벽이다.

말하자면 이는 잠재적 존재로서의 태아가 현실적 존재로서의 신생아가 되는 가운데가 텅 비어 있다는 말과 같다. 이 이론은 태아와 신생아 사이에 출산 과정의 아이라는 혼돈상태가 완전히 삭제되고 없는 것이다.

이 이론은 마치 공상 과학 영화에서 나오는 순간 이동과 같이 태아에

---

132) 폴 틸리히, 『조직 신학 Ⅳ』, 한들출판사, 2008년. 49~50쪽.
133) 폴 틸리히, 『조직 신학 Ⅱ』, 한들출판사, 2005년. 142쪽.

서 신생아로 순간 이동한다고 주장하고 있는 것과 같다. 이것이 어떻게 생명의 과정이 될 수 있는가? 차라리 마법의 순간 이동이라고 해야 하지 않는가? 지금까지의 철학자들은 이 마법을 주장하고 있는 것이다.

이는 생명의 과정에 대해 너무도 큰 무지가 아닐 수 없는 것이다. 우리는 이 부분에 대해 실제적인 실험보다 더 분명한 인간의 출산 과정의 상황을 연상해 보자.

혼돈상태는 태어나려는 힘과 태어나지 않으려는 힘의 양극단이 통합되면서 동시에 태어나려는 힘이 조금이라도 큰 상태가 되면서 진행된다. 이 혼돈상태는 양극단의 통합을 이루어야만 가능한 상태이다.

즉 양극단인 구체와 추상이 하나로 통합되면서 움직이지 않으려는 구체적인 물질의 영역보다 움직이려는 추상적인 힘의 영역이 더 클 때 태아는 신생아가 되기 위해 혼돈상태에 존재할 수 있다.

즉 태아가 신생아가 되기 직전 출산 과정의 상태가 있다. 이 상태가 혼돈상태이다. 이 혼돈상태는 신생아가 되려고 움직이려고 하는 상생적인 힘과 태어나지 못하게 하려는 상극적인 힘이 서로 충돌하지만 그런 가운데에서도 태어나려는 상생적인 힘이 조금이라도 더 큰 상태이다.

즉 혼돈상태 100=태아 상태에 머물며 신생아가 되지 못하게 하려는 상극적인 힘 45 + 신생아가 되게 하려는 상생적인 힘 55이다.

예수는 이 상극적인 영역을 뱀, 그리고 상생적인 영역을 비둘기라고 표현했다. 그리고 이 양극단을 조직하는 전체 영역을 조직하는 구성원 중에서 단 한 명도 빠져서는 안 되는 것으로서 반드시 전체를 채워야 한다는 원리를 100=99+1로 설명했다. 그리고 이 원리를 보다 정확히 표현하면 100=45+55이다. 이는 단군과 예수가 의사소통하는 수단으로서의 우주암호인 것이다.

여기서 45는 구체적인 사물의 영역이며 55는 추상적인 관념의 영역이다. 여기서 55가 45보다 10이 더 큰 것은 바로 중재자로서의 소통과 통합의 영역이라고 설명했다. 이것이 혼돈상태이다.

그리고 혼돈상태를 최적화하여 태어난 신생아는 통합된 양극단의 중심에 머리가 작동하고 그 머리가 몸과 마음을 통제하기 시작한다. 바로 이것이 신생아가 눈을 뜨고 무언가 옹알거리기 시작하는 현상으로 나타나는 것이다.

이것이 질서상태를 설명하는 원리인 100=36+64이다. 이 원리는 생명의 과정에서 가장 중요한 혼돈상태와 질서상태를 설명하는 것이다. 이 원리에 의해 단군과 예수는 더욱더 깊은 대화를 나눌 수 있는 것이다.

우리는 이 혼돈상태와 질서상태를 인간의 출산 과정과 신생아로 비교하면서 생명의 과정에 대해 실험을 통해 얻는 것보다 더 분명한 확신을 얻을 수 있다. 그리고 우리는 실제의 실험의 의미를 이해하기 위해 이같은 생명의 과정이 설명하는 이론 체계를 동서고금의 모든 철학과 신학의 이론 체계와 비교 검토할 필요가 있다.

이를 위해 나는 천부경(2008년, 2차 개정판)에서 한철학의 이론 체계를 세우면서 동서고금의 가장 위대한 철학자들의 이론 체계와 모두 비교 검토를 거쳤다. 그리고 삼일신고(2009년, 2차 개정판)에서 한신학의 이론 체계를 세우면서 마찬가지로 동서고금의 가장 위대한 신학자들의 이론 체계와 모두 비교 검토를 거쳤다.

그 결과 지금까지 동서고금을 통해 양극단의 통합을 이룬 철학자는 단한 사람도 없었다. 물론 생명의 과정을 설명한 철학자도 단 한 사람도 없었다. 생명의 과정이 설명되지 않는 상태에서 생명 그 자체를 설명하는 예수의 말씀들과 생애, 특히 십자가와 부활, 재림이 어떻게 설명될 수 있을까?

내가 기독교 신학을 연구하며 느낀 대단히 기이한 점은 지난 2,000 년간 기독교 신학자들 중에서 예수의 복음서 안에 예수의 철학과 신학의 이론체계를 만들 수 있다는 사실을 생각한 학자가 없다는 점이다.

그동안 기독교 신학의 역사는 로마 시대의 아우구스티누스와 중세 시대의 토마스 아퀴나스, 그리고 20세기의 불트만과 틸리히에 이르기까지 모든 신학자들은 당연하다는 듯이 기독교 신학을 서양 철학자들의 철학에서 가져왔지 예수에게서 가져오지 않았다.

으레 플라톤과 아리스토텔레스와 칸트와 하이데거, 화이트헤드 등의 철학이 예수의 신학을 실명하기라도 한다는 듯 당연하게 생각해 온 것이다.

얼마나 기이하고 놀라운 사실인가? 하지만 복음서에 담긴 말씀이 설명하는 생명의 진리를 그들이 말하는 서양 철학에서 가져오는 방법은 전혀 없는 것이다.

복음서안의 말씀에 담긴 진리는 그대로가 곧 삶이며 생명이다. 그것이 곧 천부경과 삼일신고와 366사에 내장된 한신학韓神學이다. 그리고 그 삶이며 생명으로서의 과정 안에는 지난날 모든 철학자들의 이론들이 모든 그 과정 안의 한 부분으로 참여하고 있다. 그 어떤 철학 이론과 신학 이론보다 실제적인 삶과 생명은 절대적으로 우위에 있기 때문이다.

우리는 이 사실을 지금부터 설명할 철학 실험이자 신학 실험인 Han-fan의 실험을 통해 보다 더 체계적인 인식을 얻을 수 있을 것이다.

236

34. Han-fan의 신학 실험과 예수

나는 컨설턴트로서 한신학의 이론 체계로 에어컨의 성능을 최적화하는 설계 작업을 2년간 진행했다. 이 실험은 세계적인 가전제품의 연구실에서 세계적인 수준의 기술자들과 함께 세계적인 수준의 실험 장비를 사용하여 진행된 실험이었다.

이 실험은 에어컨의 중요한 부품인 기존의 Fan이 가진 문제점을 개선하기 위해 한철학과 한신학을 이루는 기본적인 이론 체계를 적용한 것이다. 이 실험결과 한철학과 한신학의 가장 근본적인 이론 체계가 단순히 사변적思辨的이고 추상적인 내용이 아니라 보편타당한 이론 체계임이 밝혀졌다.

Han-fan의 신학 실험에서 얻어지는 핵심은 구체적인 영역과 추상적인 영역을 통합한 전체 우주와 인간에게 성역과 속역이 있으며 그 중앙에 '1', 즉 '한'이 존재한다는 사실이다. 그 비율이 전체 100=성역 36+속역 64이다.

(1) 예수의 '잃어버린 한 마리의 양'과 신학 실험

기존의 학설은 아리스토텔레스와 왕필에게서 찾아진다. 이들은 이미 살펴보았듯 모두 1과 나머지 전체와의 관계를 100=1+99로 본 것이다.

이 관점은 하나님을 수직적인 관계의 최정상으로 보고 나머지는 그 아래로 층층이 내려오는 관계이다.

예수의 말씀과 몽골과 부리아트 족의 신화와 우리나라의 전설들은 아리스토텔레스와 왕필과는 반대로 100=99+1로 본 것이다. 즉 전체 100을 조직하기 위해서는 전체에서 단 하나라도 잃어버릴 수 없다는 수평적인 논리인 것이다. 이와 같이 복음서와 신화와 전설은 아리스토텔레스와 왕필과는 정반대 방향에서 하나를 논하고 있다. 즉 복음서와 신화와 전설은 100=99+1이되 아리스토텔레스와 왕필은 100=1+99인 것이다.

다시 말해 하나님 나라에서는 단 한 명이라도 빠져서는 안 된다는 것이다. 그래야 하나님 나라가 이루어지는 것이다. 이는 한신론의 바탕이 되는 이론이다. 즉 Han-fan의 신학 실험은 다른 무엇보다 먼저 100인 '온'을 가장 근본적인 바탕으로 시작한다. 이 실험은 그 바탕 위에 혼돈상태와 질서상태를 설명하고 있다.

(2) 신학 실험과 성역과 속역

하나님은 인간과 만물의 중심에 존재함으로써 인간과 만물의 그 자체가 된다. 따라서 하나님은 인간과 만물의 존재와 그 생명의 과정을 모두 주관하는 존재이다. 하나님은 우리가 인식할 수 없는 존재 그 자체이므로 감히 이름조차 붙일 수 없는 존재이다.

그러나 하나님은 성역과 속역의 중심이 된다. 하나님은 인격을 가질 수 없지만 성역은 인격을 가질 수 있다. 즉 우주와 하나님의 영역이 통합되어 그 중앙에 성역을 가지고 그 외부에 속역을 가진다. 우리는 성령으로서의 하나님을 알 수는 없지만 성역을 통해 인격을 지닌 하나님을 생각할 수 있다.

하나님의 성령을 나타내는 성인聖人의 경우도 마찬가지이다. 하나님은 성인의 성역을 통해 하나님께서 직접 운영하시는 성스러움을 인격적으로 나타낼 수 있다.

우리는 어떤 방법으로든 하나님을 실험으로 증명할 수 없다. 그러나 우리는 실험을 통해 성역과 속역이 있으며 그 중심에 하나님이 임재하심을 이해할 수는 있다.

그 실험이 곧 내가 실행한 Han-fan의 실험이다. 가령 인간의 몸과 마음의 그 자체가 되는 영역은 뇌와 의식이다. 그러나 인간은 언제나 뇌와 의식을 사용하지만 우리는 뇌와 의식을 인식할 수는 없다. 명백하게 몸과 마음의 그 자체는 뇌와 의식인 것이다. 따라서 이 뇌와 의식의 영역을 인간의 성역이라고 하고, 몸과 마음을 인간의 속역이라고 할 수 있다.

그러나 하나님은 뇌와 의식의 중심에 존재하시면서 뇌와 의식 그 자체가 된다. 따라서 하나님은 인간의 존재 그 자체의 그 자체가 된다. 그러므로 우리는 하나님을 절대로 인식할 수 없다.

그러나 우리는 하나님이 중앙에서 운영하시는 뇌와 의식의 통합체에 대해 인간성을 부여할 수 있다. 이 영역은 인간의 이성과 지성이 통합된 인간성이 활동하는 영역이기 때문이다.

마찬가지로 대우주의 중앙에도 성역이 존재하며 그 성역을 통해 우리는 하나님의 이성과 지성이 통합된 신성을 발견할 수 있다. 그 신성에서 우리는 간접적으로 하나님에 대해 알 수 있는 인격성을 찾아낼 수 있는 것이다.

바로 이것이 Han-fan의 실험에서 밝혀진 성역 36이 의미하는 바이다.

(3) 공학적 실험의 형태를 가진 신학적 실험

에어컨을 최적화하는 실험은 공학적 실험의 형태를 가진 철학적 실험
이자 신학적 실험이었다. 나는 살아 있는 생명체, 특히 인간에 적용하는
한철학의 이론을 에어컨이라는 기계에 적용했다. 에어컨을 살아 있는 인
간으로 간주한 것이다. 그 결과 그 에어컨이라는 기계가 발휘할 수 있는
가장 최적화된 역동성과 속도가 나타난 것이다. 이 실험 결과 에어컨의
소음이 크게 줄어듦으로 해서 에어컨의 크기를 소형화할 수 있었다.

이 원리는 역동적인 우주가 작동하는 이론 체계를 실험으로 증명한 것
이다.

(4) 기존의 에어컨에 장착된 Han-fan

다음에 제시된 그림은 기존의 에어컨에 장
착된 fan의 평면도이다. 그림과 같이 기존의
fan은 그 중심 부분과 날개 부분의 비율이 4:96
이었다. 그동안 구미와 일본의 엔지니어들은
바람이 나오는 날개의 부분을 최대한 확장하

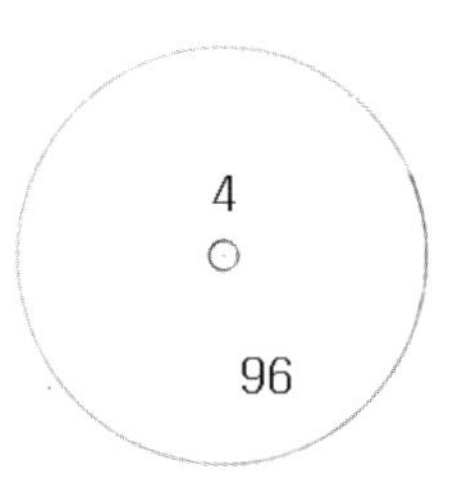

고, 바람이 나오지 않는 중심 부분은 아무런 의미가 없는 것으로 생각했
다. 따라서 위의 디자인을 택한 것이다. 이는 기술 산업 분야에서 상당
부분 이처럼 주먹구구식의 방법론이 아직도 폭넓게 사용되고 있음을 말
해 주는 것이다. 또한 이 방법론에서는 우리가 태극을 살펴보며 만나 보
았던 왕필이 태극을 1로 본 것과 비슷한 사고의 틀을 발견할 수 있다.

① 한철학 이론이 적용된 Han-fan

이 실험의 첫 번째 목표는 성역聖域과 속역俗域이 과연 존재하는 것인가 하는 점이다. 우리가 이미 살펴보았지만 왕필이나 송나라 유학자들의 태극은 점에 불과하다. 이는 성스러운 점인 성점聖點은 될 수 있을지 모르지만 성스러운 영역인 성역聖域은 될 수 없는 것이다. 그리고 두 번째의 목표는 성역聖域과 속역俗域의 적정 비율은 얼마인가이다.

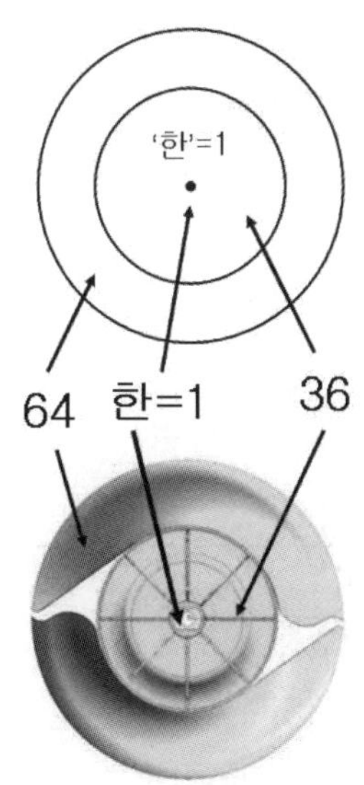

제시된 도면은 내가 대기업 연구소에서 에어컨 팀과 2년간 특강과 컨설팅을 통해 만들어 낸 fan이다. 이 fan은 먼저 성역聖域과 속역俗域을 분명히 구분하고 그 비율을 36:64로 설계한 것이다.

그동안 구미와 일본의 엔지니어들이 에어컨에 사용해 온 구형 fan은 대체로 선풍기와 같은 형태를 하고 있다. 이와 같은 구형 fan을 에어컨에 장착했을 때 약 50데시벨(dBA) 정도의 소음[134]에서 낮출 수 없다.

이 정도의 소음은 마음의 안정을 잃을 수 있고 집중력이 떨어질 수 있는 소음에 근접한 것이다. 따라서 이 에어컨의 소음을 주택가의 밤이나 도서관에서 떠드는 소리 정도인 30~40데시벨(dBA) 정도로 낮추어 공

---

134) 소음의 구분 : 시끄러운 소리가 50데시벨을 넘는 경우 마음의 안정을 잃고 집중력이 떨어진다. 60데시벨 정도면 음식을 먹을 마음이 없어진다. 20데시벨 : 나뭇잎이 흔들리는 소리, 30데시벨 : 주택지의 밤, 40데시벨 : 도서관에서 떠드는 소리, 50~60데시벨 : 친구와 마주 이야기를 나누는 소리, 60~70데시벨 : 전화 소리, 80데시벨 : 지하철역. 김용근, 『명태 선생님의 환경 교실』, 1999년, 푸른나무.

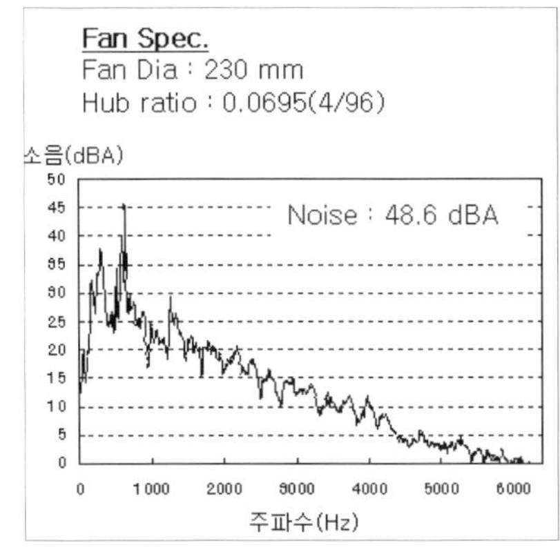

기존 fan의 소음 데이터

Han-fan의 소음 데이터

기 순환 문제와 소음 문제를 해결할 필요가 있는 것이다. 이 문제가 해결되면 에어컨의 체적도 획기적으로 줄일 수 있는 것이다.

그림과 같이 기존의 4:96의 비율을 적용한 fan의 소음은 48.6데시벨이다. 이 소음으로는 가정의 에어컨으로는 부적합한 것이며 크기도 너무 크다.

그러나 내가 컨설팅한 36:64의 비율을 적용한 Han-fan의 모형 실험에서는 소음이 그림과 같이 34.7데시벨로 현저히 감소되었음을 나타내고 있다.

성역聖域과 속역俗域의 면적비가 36:64인 것은 곧 '한의 제2법칙 100=36+64'에서 나온 것이다. Han-fan의 소음 데이터에서 보듯 Fan의 내부의 성역聖域과 속역俗域의 비율을 한철학 이론 36:64 으로 바꾸었을 때 나타난 소음의 저하는 놀라울 만큼 큰 것이었다.135) 따라서

---

135) 이 에어컨에 장착된 한철학의 원리는 필자의 책 『한사상과 다이내믹 코리아』의 제5장 산업 기술 : 에어컨 속의 한사상에서 설명한 내용에서 사용한 일부 그림과 설명을 간단히 발췌한 것이다.
최동환, 『한사상과 다이내믹 코리아』, 지혜의 나무, 2006년, 340~355쪽.

'한의 제2 법칙 100=36+64'는 단순한 추상적인 철학 이론이 아니라 현실 세계에서 역학적 조직체의 성역聖域과 속역俗域의 역동적인 상태를 최적화할 수 있는 실제적인 이론임이 검증되었다.[136]

(5) Han-fan과 태풍과 성운, 그리고 인간

'한의 제2 법칙 100=36+64'는 살아서 움직이고 있는 우주 삼라만상이 갖는 일반 법칙이다.

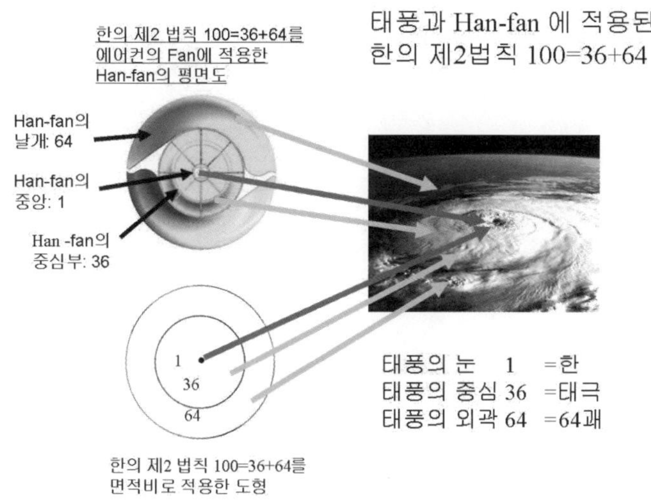

이는 다음의 그림과 같이 살아서 움직이며 나름대로의 일생을 갖는 태풍의 모습을 그대로 설명한다. 즉 태풍은 외부의 속역 64와 내부의 성역

---

136) 이 실험의 실험 장소는 LG전자 DAC연구실의 소음진단센터 무향실(Noise Evaluation Center, anechoic room), 실험 장비는 Brüel & Kjaer-PULSE LabShop. 실험 일시는 2003년 12월 18일 이다.

36으로 구분되며 그 속역과 성역의 중앙에서는 '한'이 그 모든 것의 그 자체로서 작용하며 존재한다. 이 내용에서 '한'을 하나님으로 생각할 때 하나님을 보다 더 자세하게 이해할 수 있을 것이다.

그동안 신학자들이 현실과는 전혀 관련됨 없이 이론적인 입장에서 사변적으로 하나님을 설명한 것과는 전혀 다른 차원의 이해를 얻을 수 있을 것이다.

35. Han-fan 실험이 갖는 신학적 의의

이 실험은 질서상태인 '한의 제2 법칙 100=36+64'가 객관적인 실험에 의해 명백하게 증명되었음을 말한다. 그리고 질서상태가 증명되었다는 것은 그 이전의 상태인 혼돈상태 '한의 제1 법칙 100=45+55'가 증명되었음을 말하는 것이다.

이는 곧 복음서의 말씀인 '뱀과 비둘기'의 비유와 '원수를 사랑하라'의 비유, 그리고 '하나님의 성전'의 비유 등이 모두 실험으로 이해될 수 있음을 말하는 것이다.

(1) Han-fan 신학 실험과 '한의 제1 법칙 100=45+55'

Han-fan이 움직이기 위해서는 눈에 보이는 구체적인 영역인 물질로서의 Han-fan이 필요하다. 이 눈에 보이는 물질로서의 Han-fan은 항상 정지하려고 하는 성질이 있다. 그리고 그 반대편에는 눈에 보이지 않는 추상적인 영역인 전력電力이라는 에너지가 필요하다. 이 에너지는 항상 움직이려고 하는 성질이 있다.

Han-fan이 움직인다는 것은 항상 움직이려고 하는 에너지가 항상 멈추려고 하는 물질과 하나의 전체가 되어 이중적二重的으로 존재하고 있음을 말하는 것이다. 이때 항상 움직이려고 하는 에너지는 항상 멈추려고 하는 물질이 갖는 힘보다 조금은 커야 Han-fan이 움직일 수 있게 된다.

이때 Han-fan을 움직이게 하는 힘이 양陽이며 상생 오행相生五行의 원리이다. 그리고 Han-fan을 멈추게 하는 힘이 음陰이며 상극 오행相剋五行의 원리이다.

바로 이 원리가 양극단을 통합하는 원리이며 예수가 말한, "너희는 뱀같이 지혜롭고 비둘기같이 순결하라(마 10:16)."는 뱀과 비둘기의 비유에 담긴 진리이다. 또한 이 원리 안에 양극단의 경계면에서 양극단을 통합하는 '원수를 사랑하라'는 비유가 숨어 있다.

동시에 그 음陰/양陽과 상극 오행相剋五行/상생 오행相生五行이 이중적二重的으로 존재할 수 있는 최적화된 비율이 '한의 제1 법칙 100=45+55'이다. 이로써 음양陰陽과 오행의 원리, 즉 하도낙서河圖洛書의 원리도 설명된 것이다. 물론 이 원리의 바탕에는 '잃어버린 한 마리의 양'을 설명하는 100=99+1의 원리가 자리 잡고 있다. 그리고 그 이전에 '온'으로서의 100이 그 바탕을 이룬다.

(2) Han-fan 신학 실험과 '한의 제2 법칙 100=36+64'

Han-fan의 신학 실험이 명백하게 보여 준 것은 성역聖域의 존재이다. 그리고 더 나아가 성역聖域과 속역俗域의 비율이 정해졌다는 것이다. 즉 Han-fan의 신학 실험은 혼돈상태의 중심에 성역聖域과 속역俗域이 자리 잡는데 그 비율이 36:64일 때 소음이 최적화된 상태였다. 그럼으로써 우리는 에어컨의 크기를 줄여도 소음은 그 비율이 4:96일 때보다 훨씬 더 쾌적한 상태로 만들 수 있었다.

우리는 이 실험에서 '한의 제2 법칙 100=36+64'가 성역聖域으로서의 태극이 조직체에서 하는 역할을 분명히 알게 된 것이다. 그리고 역동성과 속도가 직접 발생하며 다양한 변화가 일어나는 속역俗域이 64괘로 표현될 수 있음도 알게 된 것이다. 이제 우리는 태극과 64괘의 원리를 실험으로 밝혀내어 그 원리를 확정지은 것이다.

심령이 가난한 자는 복이 있나니 천국이 그들의 것임이요(마 5:3).

성역인 태극인 36의 영역은 그 자체는 움직임이 없다. 그러나 속역인 64의 영역은 날개의 영역으로 움직임이 크고 시끄럽다. 성역은 움직임이 없는 가운데 속역의 모든 움직임의 근원이 되고 있다.

복음서는 이 성역을 심령이 가난한 자로 표현하여 천국이 그들의 것이라고 한다. 사실 천국인 성역은 움직임이 없이 고요하다. 즉 속역의 욕망의 영역에서 벗어나 욕망이 가난하다. 그러나 모든 속역은 모든 욕망의 근원이 된다.

(3) 중심 1과 하나님

또한 그 성역의 중심에 하나님이 계시니 복음서는 이렇게 말한다.

마음이 청결한 자는 복이 있나니 그들이 하나님을 볼 것임이요(마 5:8).

산업 혁명 후 지금까지 서구와 일본의 엔지니어들이 사용해 온 Fan에는 성역聖域의 개념이 없었다. 이는 4:96의 비율이 잘 말해 준다.

이 같은 설계 개념은 왕필(王弼, 226~249)이 역경의 계사전에서, "위대한 연역의 수는 50인데 49만 사용한다."137)라는 구절에 대해 그 1을 태극으로 보는 것과 거의 동일한 사고의 틀이다. 이 문제는 왕필뿐 아니라 칸트의 물자체138)와 아리스토텔레스의 부동의 원동자139) 등 동서양의 철학자들이 가지고 있었던 공통적인 문제였다.

즉 성역聖域 36을 전혀 알지 못한 것이다. 그러나 천부경이 설명하는 한철학에서는 태극이라는 성역聖域인 36이 명백하게 존재한다. 그리고 그 중심인 1이 '한'이다. 그리고 그 외부의 속역俗域이 64로서 역경의 64괘의 원리이다. 이는 지금까지 동서고금의 철학에 전혀 없었던 새로운 발견인 것이다. 이 성역은 선하고 깨끗하고 후하다.

중심인 1로서의 '한'은 모든 움직임의 중심이 되지만 그 자신은 움직이지 않으면서 모든 움직임을 뒷받침하고 있다. 다음과 같은 복음서의 말씀은 바로 이 원리를 설명한다.

너희 중에는 그렇지 않을지니 너희 중에 누구든지 크고자 하는 자는 너희를

---

137) 大衍之數五十 其用四十九

138) 실재성을 이처럼 모두 소유한다고 함에 의해서 '하나의 물자체'라는 개념이 철저하게 규정된 것이라고 표상된다. 즉 '하나의 최고 실제(하나님)'의 개념은 '단일 존재'의 개념이다. 이 최고 실재는 하나의 선험적 이상이다. 이것은 만유에 있어서 반드시 발견되는 전반적인 규정(활동)의 근저에 있는 것이요, 또 만유를 가능하게 하는 최상의 완전히 질료적인 제약이 되는 것이다. 그리고 대상 일반에 관한 모든 사고는 대상의 내용면으로 보아서 반드시 이 제약에 귀착되게 된다.
칸트, 『순수 이성 비판』, B 605.

139) 다른 것을 움직이고 (다른 것에 의해) 움직여지는 것은 중간의 것이다. 그렇기 때문에 (자신은) 움직여지지 않고 다른 것을 움직이는 것이 있는데, 이것은 영원한 것이며, 실체이자 발휘/실현 상태의 것이다.
아리스토텔레스, 『형이상학』, 1072a 25.

섬기는 자가 되고, 너희 중에 누구든지 으뜸이 되고자 하는 자는 모든 사람의 종이 되어야 하리라(막 10:43~44).

중심인 1로서의 '한'의 역할이야말로 모든 움직임을 뒷받침하는 종의 역할이다. 그 역할을 함으로써 '한'은 모든 움직임의 중심이 되는 결정적인 위치를 차지하는 것이다. 즉 아무런 권력 없이 모든 움직임을 보살피는 자가 됨으로써 사실상 가장 큰 권력을 갖는 존재가 된다.

이처럼 Han-fan의 신학 실험이 설명하는 가장 극적인 내용은 성역聖域과 속역俗域의 확실한 비율이었다. 그 36:64의 비율이 곧 천부경의 천부도의 중앙 36과 외부 64를 설명한다. 이로써 우리는 그 중앙 36에서 태극의 원리를 직접 찾아내고 외부의 64에서 64괘의 원리를 직접 이해할 수 있게 된 것이다.

우리는 이제 음양오행과 태극과 64괘의 원리를 찾아 시간을 낭비하며 중국의 책을 뒤질 필요가 없게 된 것이다. 중국의 고서를 뒤져 보아도 그 책들에서 근본 원리를 찾을 수는 없다.

우리는 이제 이 실험을 통해 까마득한 고대 세계에 우리의 조상들이 음양오행과 태극과 64괘를 창조할 때 사용한 설계 원리와 만나게 된 것이다.

그리고 태극이 36수로 성역聖域을 이루는 것은 팔괘와 맞물린다. 즉 태극을 여덟 방향에서 보면 팔괘가 되는 것이다. 그런데 왜 구괘나 칠괘가 아니라 팔괘인가? 천부경에서 숫자는 정확하게 떨어지도록 설계가 되어 있다. 그것은 여덟 개의 괘가 될 때 그 수가 36이 되기 때문이다. 즉 1+2+3+4+5+6+7+8=36인 것이다.

또한 속역俗域의 64의 경우를 보자. 속역俗域은 성역聖域으로부터 에너지를 공급받아 시시각각 변화를 일으킨다. Han-fan의 경우 바람을 일으키게 된다. 이는 태풍과도 같다. 그런데 자연 상태의 태풍의 바람은 그 모습이 단일한 것이 아니다. 그 바람의 강약과 장단들이 일으키는 변화는 수백 가지가 넘을 것이다. 그러나 우리는 그 모습을 네 가지의 유형으로 압축하여 팔괘라는 부호로 구분할 수 있는 것이다. 이것이 소위 역경, 또는 주역으로 불리는 변화의 책에서 설명하는 64괘의 원리이다.

이를 인간과 우주에 적용할 때 우리는 인간과 우주의 변화를 부호로 나누어 유형화할 수 있는 것이다. Han-fan의 신학 실험이 보여 준 진정한 의미는 바로 이 태극과 팔괘와 64괘의 가장 근본적인 원리를 실현해 보여 주었다는 점에 있는 것이다.

(4) Han-fan이 설명하는 음/양, 상극 오행/상생 오행, 태극/64괘의 법칙

지금까지 한족漢族의 서적들에서 음양오행과 하도낙서, 그리고 태극과 64괘가 어떤 원리로 성립되는 것인지에 대해 아무도 설명을 한 사람이 없었다. 그리고 혼돈상태와 질서상태라는 완전히 다른 상태로 존재한다는 사실도 그들에게서는 밝혀진 바가 없다.

이 질서상태는 혼돈상태에서 생겨난 것이다. 즉 '한의 제1 법칙 100=45+55'가 그것이다. 이는 곧 음/양, 상극 오행/상생 오행, 이/기, 경험론/독단론, 유물론/유심론을 통합한 상태이다. 그리고 이 모든 것은 천부경과 삼일신고와 366사에 내장된 수식과 도형과 이론 체계와 일치하는 것이다.

250

이 실험은 또한 우리의 역사에서 말하는 개천開天이 무엇인지를 알게 해준다. Han-fan이 일으키는 최적화된 역동성과 속도가 사회적으로 나타난 대표적인 현상이 곧 우리의 역사에서 처음으로 나라를 세운 개천開天이기 때문이다.

또한 우리의 역사에서 고비마다 일반 대중들에 의해 참을 수 없는 자기 확인이자 자기 발견으로 나타나는 수많은 사회적 현상들은 곧 그 시대마다의 새로운 질서상태를 열고자 하는 열망이다.

즉 임진년과 정유년의 왜란 때 의병들과 동학 혁명과 일제 강점기의 의병들과 만주 독립군, 그리고 3·1 운동과 4·19 혁명과 부마 항쟁, 5·18 민주화 운동, 6·10 항쟁 등이 그것이며 또한 IMF 국난 때의 금모으기, 2002년과 2006년 월드컵 때 수백만의 일사불란한 응원, 그리고 태안반도의 기름 유출 사건에서 백만 명의 자원봉사자가 현실에서 보여준 강력한 역동성과 빠른 속도가 곧 질서상태이다. Han-fan의 실험 결과는 이 모든 현상을 수치와 도형으로 설명한 것이다.

즉 역사 속에서 하나로 뭉쳐진 한겨레의 대중은 이미 빈/부, 남/녀, 노/소, 노/사, 좌/우 등의 모든 대립을 통합한 혼돈상태를 넘어 질서상태를 이루었다. 그리고 스스로의 중심에서 상상력과 판단력과 통찰력을 가져와 강력한 역동성과 빠른 속도를 가지고 질풍노도와 같이 움직이며 역사를 창조했다.

이처럼 한겨레의 대중들이 보여 준 강력한 역동성과 속도가 곧 Han-fan의 속역俗域 64의 영역을 말하는 것이다. 그리고 그 역동성과 속도가 나타나기 위한 배후의 힘이 곧 이 대중들이 가지고 있는 상상력과 판단력과 통찰력인데 그것이 곧 Han-fan의 성역聖域 36이 설명하는 것이다. 태극과 64괘의 원리가 하나로 어우러져 나타나는 질서상태, 즉 개천의 모습이 우리 한겨레가 역사의 고비마다 나타났던 것이다. Han-fan을 통한 신학 실험은 이 모든 이론들을 객관적인 실험 데이터로 증명해 주는 것이다.[140]

그리고 이 원리가 복음서 안의 예수의 말씀에 담겨 있는 것을 우리는 확인했다.

---

[140] 이 실험의 보다 자세한 내용은 『한사상과 다이내믹 코리아(지혜의나무, 2006년, 335~356쪽)』를 참고하기 바란다.

36. 이 책을 마치면서

우리는 이 책을 통해 한겨레 문명의 핵심인 단군과 서양 기독교 문명의 핵심인 예수가 만나 대화하는 모습을 살펴보았다. 그리고 단군와 예수 두 분 모두 양극단을 통합하여 생명의 과정을 진행하는 철학과 신학의 원리를 설명하고 있음을 알았다.

(1) 통합과 생명의 과정

단군과 예수 두 분의 진리에서 가장 중요한 사실은 이원론의 악순환을 끊고 양극단이 크게 하나가 되는 통합의 진리라는 사실이다. 이는 이 책에서 충분하게 제시되었다.

우리는 이 책에서 4대 복음서가 예수의 철학과 신학을 담고 있다는 사실을 이해했다. 그리고 그 철학은 기존의 철학과 신학을 포함하면서 동시에 생명의 과정을 설명하는 사실을 확인했다. 그리고 그 생명의 과정 철학과 신학이 곧 한철학과 한신학임을 확인할 수 있었다.

(2) 단군과 예수의 대화는 100% 만족스러운 것인가?

이 책에서 단군의 진리인 한철학과 한신학의 이론 체계를 복음서에 담긴 예수의 말씀과 비교 검토하는 과정은 그야말로 한겨레 문명의 상징과 서양 기독교 문명의 상징의 만남과 대화였다. 우리는 이 책에서 단군과 예수의 만남과 대화는 충분히 가능한 것이었고 또한 단군과 예수의 진리가 상당 부분 일치한다는 사실을 확인했다.

하지만 복음서 전체의 내용이 모두 다 한철학과 한신학과 일치되는 것만은 아니었다.

단군과 예수의 만남과 대화는 반드시 필요하지만 그렇다고 100% 만족스럽기를 바라는 것은 그 자체가 무리한 욕심일 것이다. 우리는 이 책에서 단군과 예수의 핵심 진리의 많은 부분이 하나가 되는 사실만으로도 충분히 만족해야 할 것이다. 그리고 서로의 차이를 인정함으로 해서 더 더욱 깊고 넓게 하나가 되도록 앞으로 더욱더 노력을 해야 하는 것이 바람직한 일이라고 본다.

(3) 단군과 마중물

1970년대까지만 해도 우리나라에서 펌프는 대중적인 것으로 기억한다. 이 펌프에서 물이 나오게 하려면 한 바가지의 마중물이라는 것이 필요하다. 마중물이라는 한 바가지의 물이 빈 펌프의 관을 어느 정도 채워주면 손으로 펌프질을 함으로써 새 물이 땅속에서 올라오는 것이다.

한겨레문명을 상징하는 단군의 진리도 마찬가지이다. 천부경과 삼일신고와 366사가 설명하는 단군의 진리라는 생명수가 세상에 드러나기 전에는 누군가가 마중을 나와 마중물의 역할을 할 필요가 있는 것이다. 그리고 한겨레의 고유한 정신을 상징하는 단군과 홍익인간, 그리고 하나님의 참다운 진리가 오랜 공백기를 깨고 새롭게 세상을 향해 빛을 발하기전에 그 진리를 다시 회복하고 정리하는 힘겨운 작업이 필요하다. 그 어

254

렵고 고된 작업이 진행되는 동안 누군가 단군과 홍익인간, 하나님 그리고 천부경과 삼일신고와 366사에 대해 알리는 사람이 필요한 것이다.

만일 마중물 역할을 하는 사람들이 없다면 한겨레의 대중들은 단군과 홍익인간과 하나님이라는 용어와 천부경과 삼일신고와 366사라는 경전조차 무엇인지 모를 것이기 때문이다. 그러한즉 어떻게 생명수로서의 단군의 진리를 알 수 있겠는가? 다행스럽게도 우리 사회에서 한겨레문명의 상징인 단군의 진리에 대해 마중물 역할을 해주는 사람들은 지나칠 정도로 많았다.

그리고 마중물 역할을 하는 사람들에게 왜 진정한 한겨레의 고유한 정신을 상징하는 단군과 홍익인간, 하나님 그리고 천부경과 삼일신고와 366사(참전계경)의 진리와 직접적인 관계가 없으면서 이를 입에 올리느냐고 말할 필요는 없다. 잘 알지 못해도 이를 입에 올려 그 존재를 사람들에게 알리는 일도 커다란 시대적 사명이며, 그 일만해도 대단히 어려운 일이다.

이제 한겨레문명을 상징하는 단군의 진리는 누구나 알려고만 한다면 어렵지 않게 만날 수 있게 되었다. 우리는 지금까지 없었던 새로운 시대를 살고 있는 것이다.

4) 여백의 편안함

이 책은 철학과 한신학이 가지고 있는 여러 우주암호 중 세 가지를 주로 사용하였다. 즉 100=99+1, 100=45+55, 100=36+64가 그것이다. 단군과 예수의 대화는 다른 여러 우주암호 즉 한신학과 한신학의 여러 수식으로 설명할 때 보다 더 깊은 의사소통이 가능하다. 그러나 나는 이 책에서 가장 기초가 되는 수식 세 가지만을 사용하여 설명하였다.

전체를 다 사용하여 설명하면 지금까지 내가 발간한 여러 책들처럼 책이 지나치게 두꺼워지고 또 일반인들이 접근하기에는 지나치게 어려워지기 때문이다.

하지만 단군과 예수가 한철학과 한신학의 이론체계를 공유한다는 그 한 가지 사실만 명백하게 인식할 수 있어도 지금까지 전혀 없었던 새로운 사실이 밝혀진 것이다. 그리고 이 새로운 사실을 기초로 하여 여러 가지 뜻있는 일들이 새롭게 시작될 수 있는 것이다. 이 사실을 인식하는 데는 이 책에서 소개한 세 가지의 수식으로도 부족하지는 않을 것이다.

이 책은 전체적으로는 다소 부족하게 느껴지는 이 정도에서 그침으로 해서 나머지는 여백으로 남겨두는 것이 오히려 더 좋을 것 같다. 너무 가득차서 무겁고 답답한 것보다는 가볍고 풍부한 여백이 오히려 더 많은 것을 편안하게 이야기 할 수 있을 것이기 때문이다.

단군과 예수의 더 깊고 넓은 대화를 원하는 독자들은 내가 이미 발간한 천부경 2차 개정판(2008), 삼일신고 2차 개정판(2009), 366사 개정판(2007)을 직접 읽어보기 바란다.

끝으로 이 책을 여기까지 읽어주신 독자들에게 행운과 행복이 있기를 기원한다.

참고 문헌

A. Deborin, 1993, 『칸트의 변증법』, 한정석 역, 경문사.

C. 프래드 앨퍼드, 2000, 『한국인의 심리에 관한 보고서』, 남경태 역, 그린비.

H. J. 슈퇴릭히, 1987, 『서양철학사』, 임석진 역, 분도출판사.

J. H. 힉크, 1978, 『종교 철학』, 송천은 역, 원광대학교출판부.

J. 헤센, 1995, 『종교 철학의 체계적 이해』, 허재윤 역, 서광사.

L. H. 언더우드, 1990, 『언더우드』, 이만열 역, 기독교문사.

구림지 편찬위원회, 2006, 『호남 명촌 구림』, 리북, 최영걸님 기증.

그래이엄 핸콕, 1997, 『신의 암호 (상)』,정영목역, 까치글방, 이동희님 기증

그래이엄 핸콕, 1997, 『신의 암호 (하)』,정영목역, 까치글방, 이동희님 기증

김경재, 2002, 『이름 없는 하느님』, 삼인.

김경탁, 1970, 『하느님 관념 발달사』(한국문화사대계, 1970, 고대 민족문화연구소 출판사).

김동건, 2009, 『현대신학의 흐름 : 계시와 응답』, 대한기독교서회.

계연수, 1985, 『환단고기』, 김은수, 기린원.

계연수, 1986, 『한단고기』, 임승국 역, 정신세계사.

강수원, 개천 4448, 『대종교 요감』, 온누리, 우원상·부진석 님 기증.

김광식, 2001, 『현대의 신학 사상』, 대한기독교서회.

김균진, 1980, 『헤겔 철학과 현대 신학』, 대한기독교출판사.

김상일, 1991, 『현대 물리학과 한국 철학』, 고려원.

김상일, 1993, 『화이트헤드와 동양 철학』, 서광사.

김상일, 2001, 『수운과 화이트헤드』, 지식산업사.

김용근, 1999, 『명태 선생님의 환경 교실』, 푸른나무.

김용옥, 2003, 『태권도 철학의 구성 원리』, 통나무.

김하태, 1988, 『동서 철학의 만남』, 종로서적.

나종근 엮음, 2000, 『조로아스터』, 시공사.

니콜라이 하르트만, 1993, 『자연 철학』, 하기락 역, 신명.

니콜라이 하르트만, 1996, 『존재학 양상론』, 하기락 역, 형설출판사.

니체, 1999, 『짜라투스트라는 이렇게 말했다』, 사순옥 역, 홍신문화사.

대한성서공회, 1997, 『(관주)성경전서 : 개역 한글판』.

대한성서공회, 2001, 『공동번역 성서』.

대한성서공회, 2005, 『성경전서(개역 개정판)』.

대한싱서공회, 2004, 『성경전서 : 표준 새번역』.

디 브라운, 2003, 『나를 운디드니에 묻어다오』, 최준석 역, 나무심는 사람.

류대영·옥성득·이만열, 1994, 『대한성서공회사』, 대한성서공회.

마이클 피터슨 외, 2000, 『종교 철학』, 하종호 역, 이화여자대학교출판부.

마르크스, 1998, 『경제학 노트(정치 경제학 비판 서문)』, 강호균 역, 이론과 실천.

마르크스, 2004, 『자본론』, 제1권 자본의 생산 과정, 김수행 역, 비봉출판사.

무르띠, 1999, 『불교의 중심 철학』, 김성철 역, 경서원.

러셀, 1979, 『서양 철학사』, 최민홍 역, 집문당.

루돌프 불트만, 1971, 『공관복음 전승사』, 허혁 역, 대한기독교서회.

루돌프 불트만, 1993, 『기독교 초대 교회 형성사』, 허혁·김경희 역, 이화여자대학교출판부.

루돌프 불트만, 1976, 『신약성서 신학』, 허혁 역, 한국성서연구소.

루돌프 불트만, 1972, 『예수』, 허혁·김경희 역, 새글사.

리처드 도킨스, 2007, 『만들어진 신』, 박은주 역, 김영사.

미르치아 엘리아데, 1992, 『샤마니즘』, 이윤기 역, 까치글방.

미르치아 엘리아데, 1996, 『종교 형태론』, 이은봉 역, 한길사.

박노철 역, 1965, 『檀君禮節敎訓八理三百六十六事』, 檀君禮節敎訓學術硏究院出版部.

박영준, 『개천 4406, 삼일철학역해종경합편』, 대종교출판사, 우원상·부진석님 기증.

박인로, 1975, 『노계가사』, 1636년 목판본, 박성의 주해, 정음사.

베르그송, 1992, 『창조적 진화』, 서정철·조풍연 역, 을유문화사.

볼프강 벤츠, 2002, 『홀로코스트』, 최용찬 역, 지식의 풍경.

비트 어만, 2006, 『성경 왜곡의 역사』, 민경식 역, 청림출판.

샤롤르 달레, 1975, 『조선 교회사 서론』, 정기수 역, 탐구당.

석광준, 2000, 『조선의 고인돌 무덤 연구』, 도서출판 중심.

석지현 역, 2000, 『우파니샤드』, 일지사.

새뮤엘 노아 크레이머, 2000, 『역사는 수메르에서 시작되었다』, 박성식 역, 가람기획.

소광희, 1983, 『철학의 제문제』, 지학사.

슈츠스키, 1988, 『주역 연구』, 오진탁 역, 도서출판 한거레.

스터얼링 P. 렘프레히트, 1963, 『서양 철학사』 김태길·윤명로 역, 을유문화사.

시에 쏭링謝松齡, 1995, 『음양오행이란 무엇인가?』, 김홍경·신하령 역, 연암출판사.

아돌프 폰 하르낙, 2007, 「기독교의 본질」, 오홍명 역, 한들출판사.

아리스토텔레스, 2001, 『영혼에 관하여』, 유원기 역, 궁리출판.

아리스토텔레스, 2007, 『형이상학』, 김진성 역, 이제이북스.

오리시마 쓰네오, 1998, 『마녀사냥』, 조성숙 역, 현민시스템.

윌리스 반스토운, 1996, 「숨겨진 성서 ①」, 이동건 역, 문화수첩.

윌리스 반스토운, 1996, 「숨겨진 성서 ②」, 이동건 역, 문화수첩.

윌리스 반스토운, 1996, 「숨겨진 성서 ③」, 이동건 역, 문화수첩.

이능화, 1983, 『조선 무속고』, (『한국의 민속 종교 사상』 삼성출판사).

이능화, 2000, 『조선 도교사』, 이종은 역, 보성문화사.

이만기, 1997, 『한국 대표 설화』, 빛샘.

李裕岦 역, 參佺戒經 (『커발한 文化思想史 卷二』, 旺知社).

이종은 역, 1986, 『海東傳道錄 靑鶴集』, 보성문화사.

이재숙 역, 1997, 『우파니샤드』, 한길사.

장기근 해설, 『회남자』, (『중국 사상 대계 7권』, 1983, 신화사).

장 메이메, 2002, 『흑인 노예와 노예 상인』, 지현 역, 시공사.

쟈야데바 싱, 1987, 『용수의 마디아마카 철학』, 김석진 역, 민족사.

全羅南道, 1988년, 『月出山-바위 文化 調査』.

鄭基誠, 1917, 『신류복전』, 廣文書市.

정신문화연구원, 『철학 사상의 제문제』 I , 1983년, II1984년, III1985년, VI1986년.

정재서, 2006, 『한국 도교의 기원과 역사』, 이화여자대학교출판부.

정진홍, 1937, 『단군교 부흥 경략』, 계신당, 송원홍님 기증.

제롬 프리외르·제라르 모르디아, 2006년, 『예수대 예수』, 이상용 역, 한연.

제주문화예술재단, 2008년, 『제주 문화 상징』, 하나출판.

제임스, 1985, 『프래그머티즘』, 임영철 역, 휘문출판사.

조여적, 1986, 『靑鶴集』(이종은 역, 『海東傳道錄 靑鶴集』, 보성문화사).

존 B, 캅, 1983, 『과정 신학과 목회 신학』, 이기춘 편역, 대한기독교출판사.

주희, 1996, 『역학 계몽』, 김상섭 역, 예문서원.

주희, 1999, 『朱子語類』, 허탁·이요성 역, 청계.

中國歷代算學集成, 1994, 『山東人民出版社』.

칼 세이건, 2001, 『악령이 출몰하는 세상』, 이상헌 역, 김영사.

村山智順, 1991, 『조선의 유사 종교』, 최길성·장상언 역, 계명대학교출판부.

채필근, 1975, 『비교 종교론』, 한국기독교서회.

채필근, 1975, 『철학과 종교의 대화』, 대한기독교서회.

찰스 하트숀, 1995, 『하나님은 어떤 분인가』, 홍기석·임인영 역, 한들.

최동환 해설, 1996, 『366사(참전계경)』 초판, 도서출판 삼일.

최동환 해설, 2007, 『366사(참전계경)』 개정판, 도서출판 삼일,.

최동환 해설, 1991, 『삼일신고』 초판, 하남출판사.

최동환 해설, 2000, 『삼일신고』 개정판, 지혜의 나무.

최동환 해설, 2009, 『삼일신고』 2차 개정판, 지혜의 나무.

최동환 해설, 1991, 『천부경』, 초판, 하남출판사.

최동환 해설, 2000, 『천부경』 개정판, 지혜의 나무.

최동환 해설, 2008, 『천부경』 2차 개정판, 지혜의 나무.

최동환, 1992, 『흔역』, 강천, 지혜의 나무.

최동환, 2004, 『한철학1-생명이냐 자살이냐』, 지혜의 나무.

최동환, 2005, 『한철학2-통합과 통일』, 지혜의 나무.

최동환, 2006, 『한사상과 다이내믹 코리아』, 지혜의 나무.

최동환, 2007, 『366사(참전계경)』, 지혜의 나무.

최몽룡, 『羅州地域 古代文化의 特性-潘南面 古墳群과 目支國』.

최몽룡·김선우, 2000, 『한국 지석묘의 연구 이론과 방법』, 주류성.

최인희, 1994, 『한국 민담의 유형 연구』, 인하대출판부.

최제우, 1983, 『동경대전, 용담가사』, 최동희 역, 삼성출판사.

카프라, 1993, 『새로운 과학과 문명의 전환』, 이성범 역, 범양사출판부.

칸트, 2001, 『실천 이성 비판』, 최재희 역, 박영사.

칸트, 2004, 『순수 이성 비판』, 최재희 역, 박영사.

칸트, 1993, 『부량의 개념을 철학에 도입하는 시도』(A. Deborin, 『칸트의 변증법』, 한정석 역, 경문사).

토마스 아퀴나스, 2008, 『신학 요강』, 박승찬 역, 나남.

폴 틸리히, 2005, 『조직신학 Ⅰ』, 유장환 역, 한들출판사.

폴 틸리히, 2005, 『조직신학 Ⅱ』, 유장환 역, 한들출판사.

폴 틸리히, 2005, 『조직신학 Ⅲ』, 유장환 역, 한들출판사.

폴 틸리히, 2005, 『조직신학 Ⅳ』, 유장환 역, 한들출판사.

폴 틸리히, 2009, 『19~20세기 프로테스탄트 사상사』, 칼 브라텐 역음, 송기득 역, 대한기독
교서회.

풍우란, 2007, 『중국 철학사 상·하』, 박성규 역, 까치글방.

페터 뒤베케, 2005, 『두뇌의 비밀을 찾아서』, 이미옥 역, 모티브북.

플라톤, 1986,『플라톤 전집』, 최민홍 역, 성창출판사.

플라톤, 1997,『국가』, 박종현 역, 서광사.

티모시 프리크, 2002,『예수는 신화다』, 송영종 역, 동아일보사.

하이젠베르크, 1994,『철학과 물리학의 만남』, 최종덕 역, 한겨레.

하인리히 오트, 1978,『신학 해제』, 김광식 역, 한국신학연구소.

함석헌, 1991,『뜻으로 본 한국 역사』, 한길사.

한국정신문화원, 1996,『한국 민족 문화 대백과사전』, 각천 스님 기증.

한정섭, 2000,『불교 개설』, 불교통신교육원.

화이트헤드, 1982,『과학과 근대 세계』, 오영환 역, 삼성출판사.

화이트헤드, 2001,『과정과 실재』, 오영환 역, 민음사.

헤겔, 1997,『법 철학 강요』, 권응호 역, 홍신문화사.

히틀러, 1988,『나의 투쟁』, 이명성 역, 홍신문화사.

찾아 보기

단군과 예수의 대화

초판 1쇄 발행   2010년 8월 5일

지은이 | 최동환

펴낸이 | 이의성
펴낸곳 | 지혜의나무
등록번호 | 제1-2492호
주소 | 서울시 종로구 관훈동 198-16 남도빌딩 3층
전화 | (02)730-2211   팩스 | (02)730-2210

ⓒ최동환

ISBN 978-89-89182-57-3   93200